段云波 著

拒绝敏感

与孩子一起成长

青岛出版社

图书在版编目（CIP）数据

拒绝敏感：与孩子一起成长 / 段云波著. -- 青岛：青岛出版社，2018.7

ISBN 978-7-5552-7207-6

Ⅰ.①拒… Ⅱ.①段… Ⅲ.①儿童教育－家庭教育 Ⅳ.①G782

中国版本图书馆CIP数据核字（2018）第148015号

拒绝敏感：与孩子一起成长
Jujue Min'gan：Yu Haizi Yiqi Chengzhang

著　　者	段云波
策　　划	中海盛嘉
出版发行	青岛出版社
社　　址	青岛市海尔路182号（266061）
本社网址	http://www.qdpub.com
邮购电话	13335059110　0532-68068820（传真）　0532-68068026
责任编辑	郭东明　程兆军　E-mail：qdgdm@163.com
封面设计	祝玉华
版式设计	中海盛嘉
印　　刷	青岛东方华彩包装印刷有限公司
出版日期	2019年1月第1版　2019年4月第2次印刷
开　　本	16开（787mm×1092mm）
印　　张	14
字　　数	200千字
书　　号	ISBN 978-7-5552-7207-6
定　　价	36.00元

编校质量、盗版监督服务电话　4006532017（0532）68068638

前言

PREFACE

拒绝敏感：与孩子一起成长

当今社会，父母在养育孩子方面所承受的压力之大异乎寻常：既要负责孩子的健康和安全，又要操心孩子的教育问题。还有的父母甚至天真地认为：确保孩子将来考个好的大学、找个好工作、组建幸福家庭也是为人父母的责任。在重重"高压"之下，不能让孩子输在起跑线上几乎成了为人父母的共识。

于是，我们常常看到这样的情形：满脸疲惫的父母带着年幼的孩子奔波于各种培训班；无论自己工作多忙，每天下班回家都要督促、辅导孩子学习；老师建的微信群或者QQ群成了父母最关注的焦点，生怕错过了任何一条信息……

父母虽然为子女付出了很多，但有时候他们会发现，孩子并没有成为父母想要培养出的那种人：聪明伶俐、知书达礼、活泼可爱、多才多艺……反倒是越来越淘气，注意力越来越不集中，越来越叛逆，变得越来越让父母感到难以捉摸。付出没有得到应有的回报，这让不少父母在沮丧之余，平添了焦虑感、无力感甚至是恼怒感。

意大利著名科学家与教育家玛利亚·蒙台梭利（Maria Montessori，1870—1952）在《童年的秘密》一书指出,"父母虽然在照料和教育孩子上殚精竭虑,但还是发觉自己恍若置身困难重重的迷宫,无力自拔,仿佛自己一直徘徊在一个根本没有出口的密林之中。"其实,孩子之所以没有成为父母想象中的那个人,是因为大多数父母不懂得孩子,教育方法违背了孩子自身的发展规律,忽视了孩子的内在需求,压制孩子生命自然地发展,因外在压力在孩子身上加上了种种有形的、无形的枷锁。

其实,"孩子们来到世上时都很失望,他们发现根本没有真正属于他们的空间,自己只是个被愚弄的对象,被硬生生地安排到成人的世界里自娱自乐。"特别是当孩子妨碍了大人工作的时候,总是被劈头盖脸地训斥一顿,而当孩子"工作"时,父母却可以粗暴地打断他们,而不需要任何羞愧之心。可以这样说,这里是巨人们的世界,而孩子不过是被软禁在庞然大物般的建筑物里的"小矮人"。

显然,育儿是一项科学而系统的工作,而又有几位父母真正具有教育儿女的"上岗资格证"呢?学校教育和社会教育是孩子成长中不可缺少的部分,但是从孕育开始,真正对孩子的一生负完整责任的,只有父母。孩子还不能依靠自己的能力看清前进的方向,父母有责任帮助他们走上正常的道路。

在家庭教育方面,不同的家庭教育方式各有不同:有的喜欢体罚,有的专用口头批评,有的善用独裁,有的善用唠叨,还有的提倡释放孩子的个性,聆听孩子的需求……

认知发展理论的先驱、著名心理学家简·皮亚杰(Jean Piaget,1896—1980)认为,教育的原则是培养创新的人——有创造力的、善于发明和发现的人,而非简单重复前人。

家庭教育中最糟糕的事情,就是父母用自己小时候的成长经历去教育当下的孩子怎样去应对十几年后的未来。孩子天生是开放性的,具有天赋的发展潜能,他们对一切都充满好奇,思维似乎天马行空。可由于传统的或者现实的原因,父母不愿意改变自己的教育观念,也很少学习育儿知识,往往用自己现有的经验限制孩子,约束他们应该这样、不应该那样,最终孩子也会像大人一样,成为"装在套子里的人"。是成人剥夺了孩子旺盛的精力,粉碎了孩子独特的个性。随着孩子的成长,父母又急切地去纠正孩子的错误、平息孩子心理上的缺失、弥补孩子性格上的缺陷,殊不知孩子的这一切都是父母不当的家庭教育方式造成的。

蒙台梭利说过:"人生的头三年胜过以后发展的各个阶段,胜过了3岁直至死亡的总和。"中国也有句俗话叫"3岁看大,7岁知老",3岁之前是一个人大脑发育的重要时期,早期经历对儿童的一生有着决定性的影响。从3岁孩子的表现能够推测其未成年之前的发展状况,7岁孩子的身上个性倾向开始形成,可预测他成年以后乃至一生的个性发展情况。试问,有多少父母认真地思考过这个问题?致力于儿童早期发育研究的诺贝尔经济学奖获得者赫克曼(James J. Heckman, 1944—)指出:试图影响一个人的人生轨迹的最佳时间是在3岁之前,那时大脑仍在发育中,可塑性较强。在孩子发育早期采取更科学的养育方式,可以给孩子一个更美好的未来。

想给孩子好的教育,首先父母需要学习如何科学地养育孩子。

只有自己充实了科学的育儿理念和育儿知识，才能给孩子更多有质量的教育内容和优质的陪伴。人类天生就有学习的潜能，最有效的学习是实践。自发自主地学习，充分调动人作为学习者的状态、感受和智力，是最持久、最普遍的。孩子是父母的镜子，有什么样的父母就有什么样的孩子。家庭是人生的第一课堂，父母是人生的第一任教师。父母是对孩子影响最深的人，是孩子模仿最早、最多的形象。你可以把孩子送到最昂贵的幼儿园，但如果没有良好的父母养育，这对孩子没有多少帮助。

没有教育创新，没有教育理念的转变，就不可能教育出具有创新心智的人，所以，我们所有的教育从业者，包括父母，作为对孩子有影响的人，必须进行一场教育观念的内在革命。正如蒙台梭利博士所言："如今，若不想再像从前那样错误地对待孩子，而是想要把他们从内心的冲突与危险的思想中解救出来，那么，我们首先必须进行一次彻底的变革！在此基础上，一切也将随之改变，而这种变革必须在我们成人中进行。"

优秀的父母需要鼓起勇气正视自己的教育问题，改变根深蒂固的传统教育观念，放下成人权威，抛弃内心对孩子的偏见，接受自己是不完美的父母的现实。教育子女不再依靠自己的偏好、由着自己的性子，或者模仿照搬别人父母的"成功经验"，学会使用科学育儿知识作为教育的助力。

本书从教育学、心理学、生理学、脑科学、生物学、人类学、物理学的视角出发，深入浅出地介绍了0~6岁孩子的思维模式、行为习惯、情绪认识、专注力培养、语言与阅读能力、社会性诸方面的经验和技巧，希望能成为父母育儿的帮手。

如今，不只是科学家和教育学者对与教育有关的研究发现兴趣浓厚，为人父母者以及社会大众也表现出同样的关切。现代教育理念有两项众所周知的主要原则，第一是了解、培养孩子个人的特质，了解每个孩子的本性，并透过孩子特有的人格特质来引导他，第二项原则是了解孩子的内在需求，跟随孩子的自然成长节奏，解放孩子的天性。

孩子的教育是一项长跑运动，一项接力赛，不可能一蹴而就，而是需要在科学的引导下持之以恒。我们必须关注孩子的生命本身，做智慧父母，了解孩子生命成长的自然规律，相信大自然，相信儿童，正视成人和孩子之间的冲突，真正帮助孩子的生命成长。正如蒙台梭利所言，"在这个精神错乱和疯人成群的时代，我们不断标榜自己是健康的，鄙陋的习俗对人类健康和发展的威胁依然是触目惊心的，我们不妨有节制地去关注孩子的成长，不要刻意去强迫他们学习，要让他们的内心充满智慧之光"。让我们一起努力把孩子教育得更好！

段云波

2018年12月1日于中国蒙台梭利协会（CMS）青岛总部

目录 Contents

第一章 辛苦父母不如知心爸妈 /001

父母越来越焦虑,这已经成为一种全民共有的社会现象。有的父母从孩子一生下来就"恨铁不成钢",恨不得将自己经过二三十年学习来的知识和对孩子的期望一下子全灌输到孩子的骨子里去。这样做,只不过反映出父母急功近利的心态,但带来的效果却是负面多于正面。

第二章 俗物还是天才,出生后三年的教育很关键 /019

孩子出生后三年是智力发展的关键岁月,是孩子的精神胚胎期,是人格基础的形成时期,也是人身心各种能力发展的奠基时期。父母在这一时期要采取正确的教养方式,才能使人生中最重要的黄金时间不会荒废。现代心理学研究表明,0~3岁的发育成熟有赖于他们获得的营养与丰富的心理刺激。

第三章 读懂孩子分离焦虑的信号,轻松做父母 /033

孩子之所以会出现分离焦虑,与自身的不安全感有关。孩子出现适度的分离焦虑症状是正常的,但是如果孩子的分离焦虑症状已经出现了泛化,则会严重影响孩子的正常身心发展。如果此时父母没有重视,那么孩子的焦虑问题会越来越严重,将会持续影响孩子的身心健康。

第四章 理解孩子,顺势应对孩子的叛逆期　　/045

"叛逆期"不是自然现象,而是人为造成的一种病态。孩子叛逆是孩子在告诉身边的大人,"你们都错了!"叛逆期是孩子进入成人世界前寻求独立的现象,是生命成长过程中一种正常的现象,不让他有这种叛逆,就等于是在阻挡孩子长大。一个"正常化"发展的孩子不会有叛逆期,造成孩子不正常或叛逆的罪魁祸首就是父母自己。父母要做的不是控制和压制,应是跟随孩子的成长节奏做适当的指引。

第五章 乐观VS悲观,父母的人生观左右孩子的安全感　　/057

父母是家庭乐园的创造者和塑造者,父母自身的身心健康水平、文化程度、期望塑造的角色类型都对孩子的情绪发展有着深远影响。有研究显示,成人之后很多的心理问题都是由不健全的家庭教育造成的。孩子进入社会之后,不可避免地要接受多方考验,面对各个方面的压力,在这个时候,一个良好的心态将能很好地帮助孩子应对这些压力和挫折。

第六章 越批评,孩子越自卑　　/073

经常受到惩罚的孩子,会感觉自己缺乏自尊,内心会变得自卑,行为上要么变得极其叛逆,要么变得因恐惧而顺从。比如,对于经常因为闯祸而受到责罚的孩子,如果说谎能够帮助他免于惩罚,他就可能学会说谎。自卑感的加重会导致孩子出现社交障碍和学习上的退步。

第七章 语言表达，在生活的细节里练就好口才　　/093

　　大人在照料孩子的过程中，要及早对孩子说话。有些人认为婴儿太小，所以与孩子的接触多表现为照顾孩子的吃喝拉撒睡等生活起居，而很少进行语言交流。其实，从孩子出生后，父母就应该有意识地边照料孩子边对他说话。这样，能够使孩子经常有机会听到语言的声音，适应语言的节奏和声调，潜移默化地打好学习语言的基础。

第八章 适时培养阅读兴趣会受益一生　　/105

　　在物质生活日益丰富的当下，孩子拥有的玩具和零食越来越丰富，但太多物质的东西会把孩子们变成物质主义者，以至于没有了这些东西孩子就不知道如何让自己快乐。如果养成了对自己拥有的东西似乎永远不知足的习惯，这样的孩子既很难相处，也很难让人喜欢。而阅读则能解决这种难以满足的物质需求所带来的空虚。

第九章 兴趣班，上与不上的理由　　/117

　　幼儿早期的兴趣开发有助于提升幼儿的智力、身体的协调能力、组织能力、语言思维能力等多方面的才能。比如，体育类的兴趣班可使幼儿身体素质得到提升，热爱运动，热爱生活；音乐兴趣班可以激发了孩子对艺术最原始的渴望，激发幼儿对音符世界的感知，更好地培养幼儿与节奏、律动之间的关系……

第十章 自控力培养，如何抵制棉花糖的诱惑　　/127

　　自控力差与多种冒险行为有关，如吸烟、饮酒、吸毒、危险行为、攻击性以及违法犯罪等。高水平的自我控制能力，让个体拥有较高的心理调适能力、较好的人际关系、较低的犯罪倾向、良好的健康状况，以及更倾向于远离危险行为（如自杀、不健康饮食和药物滥用）。对于学习成绩来说，自我控制的预测作用要比智力的预测作用还要大。

第十一章 帮孩子培养高情商 /137

如果智商较低，可勤能补拙，但要是情商较低，即使高智商也难以成功，甚至会走向相反的方向。现在的情况是，父母重视智商开发的多，重视情商培养的少。因此，培养出的孩子有很多"毛病"，如性情孤僻、不合群；做事霸道、事事不让人；粗野成性、随便打人、不懂得友爱团结；集体活动中不懂规则、自控能力差等。

第十二章 专注力，决定孩子的成绩 /151

过去，知识是一种内在的财富，而手头上的工作则是外部施加的。在互联网时代，知识可以从外部供给，注意力却必须内在拥有。现在，对于一个公司职员来说，能否集中注意力也许比知识是否渊博更为重要，因为邮件、手机、个人社交网站等任何地方都有让你分心的事情。因此，孩提时代是否养成良好的注意力，不但关乎孩子未来的成绩，更关乎在职场上的发展。

第十三章 记忆力，早期经验可增长未来潜力 /163

智力随着年龄的增长而增长，但到一定年龄时，智力趋于停滞，并保持较长时期的稳定，而后又随着年龄增长而下降。孩子时期，如果利用适合的教育和适当的训练，将会获得意想不到的效果。如果孩子在早期获得的刺激减少，那么突触将得不到发展，同时，大脑中为学习而形成的神经联结也较少。脑科学研究强调,经验(尤其是出生后头三年的经验)决定了孩子是否能够实现其最大潜力。

第十四章 想象力,比知识更重要 /175

想象力会影响孩子一生的成长,它是创造力的源泉。一个没有想象力的孩子长大后很难会成为真正的创造型人才。想象的能力是大部分孩子天然就具备的能力,但有一些元素能进一步促成这种探索的意愿。在游戏工作与艺术中,年幼孩子的想象力能够得到高度发展和频繁使用。童年早期是想象力发展的高峰期。随着孩子的成长,他们会改变自己的行为,并且变得不太愿意脱离传统。

第十五章 孩子的不良行为如何纠正 /187

心理学家认为,遗传与生理的成熟是影响幼儿心理发展的客观条件,而环境与教育则是影响幼儿心理发展的决定性因素。幼儿的各种不良行为表现,与社会环境、家庭环境、父母的养育方式有着直接关系。

第十六章 拒绝肥胖和近视,健康体魄是孩子发展的基石 /197

为有效促进幼儿的身心健康发展,父母为孩子提供的营养一定要合理搭配,不能由着孩子的性子大鱼大肉,还要保证充足的睡眠和适当的体育锻炼,满足幼儿生长发育的需要。还要帮助孩子养成良好的生活与卫生习惯,提高自我保护能力,形成使其终身受益的生活能力和文明生活方式。

参考书目 /208

1

辛苦父母不如知心爸妈

孩子有着与生俱来的"内在生命力"和"内在智慧潜能"。这种"内在生命力"和"智慧潜能",通过激发、挖掘和引导是可以不断发展的,并具有无穷的潜力。

幼儿教育的首要任务是激发和促进孩子"内在潜能"的发展,及时发现孩子在各个方面的智慧潜能的自发倾向,同时加以捕捉和引导,使其得以强化和发展。这就要求成人必须观察和了解孩子的内心世界,在孩子自由和自发的活动中,从孩子智力的本质入手,训练孩子认识自然、改造自然的能力,同时提高孩子认识自己、改造自己的能力。

——玛利亚·蒙台梭利

父母给得多，孩子不一定更快乐

如果让爸爸妈妈选择用地球上的一种宝石来形容自己的孩子，多数人肯定会首先选择价值最高、晶莹璀璨的钻石。刚出生的宝宝的确具备成为钻石的条件，但最终能否变得晶莹璀璨光芒四射，还要取决于父母后天的教育和培养。

生命成长是一个神奇的过程，在成长的过程中，有一种内在能量在慢慢启动。从现代脑科学来看，神经发育的顺序是通过基因设定的，但每次发育的"品质"却受环境因素的影响。孩子在6岁以前，大脑通过从周围环境中获取"数据"来实现神经细胞的连线，以搭建自己的神经网络系统，而这个"中枢"神经系统将操纵孩子的一生。显然，孩子生活的环境和后期接受到的教育对其大脑发育有重要影响。

从发展生物学的角度看，基因和环境同样重要。我们改变不了遗传给孩子的基因，但我们可以借助科学方法，试着去了解孩子的精神需求，并准备一个符合孩子发展需要的成长环境。因此，"教育者的首要工作，就是向孩子提供一个适宜的环境，以保证大自然赋予他们的潜能能够得到充分的发展。这样做，不仅仅是为了取悦于孩子或让他们做自己喜欢的事情，也意味着我们成人必须调整自己的观念，去和大自然紧密结合，遵从孩子的发展得自环境体验这一个自然法则。"

家庭是孩子教育的起点，为人父母，任重道远，既要让孩子在爱的抚慰中自由、快乐、有序地成长，还要避免让孩子虚度童年的宝贵时光，不断体会成功、树立自信，进而获得更有价值的发展。正如美国心理学家大卫·埃尔凯特所言："无论一个人的生活环境如何，做好父母，最基本的是要给孩子两样东西：根和翅膀。"所谓根，应该就是给孩子提供安全的成长环境，对孩子无条件地接纳和爱，让他们能够得到当下的快乐和幸福；所谓翅膀，应是尊重孩子的天赋秉性，给孩子最大的自由和机会，引导他们做出独立的思考和选择，拥有信念并承担责任。

拒绝敏感
与孩子一起成长

毫无疑问，当下的父母相比自己的父辈，在给孩子提供物质条件方面有了大幅度的提升，也更竭尽所能地给孩子提供最好的一切。吃最好的，穿最好的，学校也尽力找最好的……这一切就是"为了不让孩子输在起跑线上"。"围着孩子转"逐渐成为不同地域、不同阶层家庭的共同行为。但是，父母不得不正视这样的事实，那就是，当你把最好的一切给了孩子，有没有考虑过你所给的并不是孩子所需要的？你所安排的可能不是孩子喜欢的？特别是在孩子的教育问题上，父母内心的焦虑与浮躁一下子爆发出来，总是希望把自己过往二三十年积累的知识和经验，一下子全部灌输到孩子头脑中去。试问，孩子能接受吗？这些是不是全部适合孩子？孩子是不是因此而变得更加快乐？

显然，这是一种典型的拔苗助长、急功近利的心态，这只不过是父母的一厢情愿罢了。法国思想家卢梭（Jean-Jacques Rousseau，1712—1778）也说过："教育要适应孩子天性的发展。"不然，在孩子的成长过程中，父母就不会遇到许多棘手的问题，"小皇帝""小公主"现象频现——孩子蛮横无理、脾气越来越大，父母稍微不能及时满足自己的要求就会撒泼打滚，孩子过分依赖父母、不会做选择、缺乏独立性，注意力不集中，喜欢搞破坏、爱说谎等。随着孩子年龄的增长，进入小学阶段还会有更多的问题暴露出来，比如，上课注意力不集中、课间捣蛋调皮、欺负同学、厌恶上学、满口粗话、偷东西、抽烟……这些问题不断地涌现出来，让人不得不问：到底因何而起？

蒙台梭利指出，"其实，成人并不知道，他之所以会迷路，都是由他自己造成的。"造成这种困境的主要原因其实很简单，就是父母的教育方式出了问题。因为父母忽视了孩子的成长是依据自然规律这一客观事实，也不了解处于这一生命进程的孩子的内在需求与我们成人所想的完全不同。

★ 了解孩子到底要什么

"孩子需要什么？"这个问题需要父母不断地学习与探索。在此，可以明确告诉大家：孩子期望变成他所期待的模样，而不是你所设计的模样。

孩子的潜力之所以无穷，是用来帮助他自我成长。诚然，良好的教育愈

早开始愈好，但这不意味着父母可以一股脑地拼命"灌输"。

所有的教育方法都秉承一个同样的教育方针，那就是必须保持孩子高度兴趣和强烈持续的注意力，珍惜孩子的专注时刻，以便将来利用在学习上。但是，反观目前的教育方法，10个孩子中或许就有8个孩子被逼得怕上课、厌学。如果父母不能及时警觉，甚至通过打骂孩子等方式强迫孩子去做，情况可能会变得更糟。这时候，父母要做的是驱赶焦虑，将焦虑转化为正面情绪，用科学育儿知识武装自己，多读书多学习，了解孩子在不同发展阶段不同的身心发展特点和需求，而不是凭着自己的经验或习惯来管理孩子。

如果孩子很干脆地表示不愿意做一件事，父母就不要再继续勉强或者强迫孩子继续下去了。孩子的不情愿或许来自直觉的恐惧。相反，如果孩子对某件事的适应性很强，说明这件事很适合孩子。比如，有的孩子特别喜欢上英语补习班，甚至盼着晚些下课，但如果孩子没有这方面的兴趣，就不要硬逼着他去学。父母可能会想，"孩子说讨厌英语，难道就不学了吗？"可以暂时缓一缓，过一段时间再让孩子尝试，到了适学年龄他们就会很自然地接受了。虽然英语学习越早越好，但是若违背了孩子的意愿强迫他们学习，就会打击孩子的学习兴趣和自信心。英语不好的孩子将来能养活自己，但失去了自信的孩子，可能一事无成。而有了自信，将来他即便身处逆境，也能扬起前进的风帆，勇于尝试从头再来。

人就好像陶瓷器皿一样，小时候的经历和教育塑造了他一生的雏形，长大后无论采取何种措施，都难以改变童年时造就的形状。这是因为一个人的诸多品质是在他的早期形成的。孩子不是一个事事依赖成人的呆滞的生命，更不是一个需要成人去填允的"空容器"。

为了使孩子能得到正常的教育，大人应该细心地观察孩子：他们内心深处需要什么？喜爱的又是什么？知己知彼，百战不殆，只有了解了孩子，才能真正帮助孩子。父母只有懂得应该如何给、如何爱，才不会由于给得多了、爱得过了，反而把孩子逼出问题来。这样的爱是"盲目的爱"，这样的教育是"瞎教育"，只有爱是做不好教育的。

成人的自以为是、对孩子的压制会使孩子的心理发生畸变，从而对孩子的发展产生不利影响。教育中最大的问题不是孩子行为上的限制，而是思想上的禁锢。在教育的过程中，成人应该让孩子增加对自己的兴趣和自信，并消除他心中给自己的束缚。就像蒙台梭利所言:"孩子是人类精神的构建者,阻碍孩子自由的发展就是绊脚石,是禁锢人类灵魂监狱的砖瓦。"

父母要清楚孩子的欲望与需要之间的区别。没有必要为了满足孩子的欲望而去购买名牌服装,或者去昂贵的地方度假。拥有手机、ipad、电话手表、电脑以及其他很多东西,不是孩子们与生俱来的权利。实际上,太多物质的东西会把孩子变成物质主义者,一个精神荒芜者,以至于没有了这些"东西"就不知道如何让自己快乐,这就好似我们常说的"这个人穷得就剩钱了"。因此,作为孩子最重要的教师,这就要求父母改变以往错误的教育观念,掌握科学的教育方法。

★ 比物质需求更重要的是心理需求

随着社会发展,人们生活水平的提高,父母出于"不能亏待孩子"的溺爱之心,对于孩子的物质需求有求必应,而孩子精神上的需求,却常常被忙碌的父母忽视。另外,由于父母的认识不足,很难改变传统养育观念,迫于现在应试教育大环境,忽视孩子情感方面的需求,不能给予孩子必要的精神关注。人是一个精神与肉体的完美结合体,儿童的必要需求不单单是物质上的,更重要的还有精神需求。他们的精神需求能否得到尊重和满足,是影响孩子日后智能和道德发展的重要因素。否则,就会出现"灵魂脱壳",就不是一个正常人了。

传统的教育观是以成人为中心的,认为孩子的发展受成人的摆布。我们周围的大多数父母,在面对孩子哭闹的时候会采取给他吃的或者玩电子产品的方式,其实这是一种不正确的做法。因为很多时候孩子哭是由于精神处于饥饿状态,这样做不仅解决不了问题,还会对孩子的健康有害,也会使孩子养成一种恶习,会在他们的头脑中形成这样一种概念,即通过哭闹便能换来吃的和玩的。

如今我们察觉出所谓的教育问题,特别是那些和人的个性、性格发展和智能发展相关的问题,事实上都源于孩子和成人之间的冲突对立。成人在孩子发展道路上设下的难关,不但难以数计,而且极具伤害力。成人总是挟着道德礼仪和科学之名,来操纵孩子的意志而遂行其意。所以说,最接近孩子的成人,反而在孩子的人格形成过程中,成了最可能危害孩子人格发展的人。

因此，教育问题的根本解决，第一步绝不应该针对孩子，而应针对成人教育者。教育者必须理清自己的观念，摒弃一切陋习、偏见与傲慢，以孩子为中心，不仅要了解他们的心理活动，而且要努力满足他们的精神需求，不断地丰富孩子的精神世界，引领他们自立、自强、自尊、自信。

在孩子的成长过程中，父母充分的关爱和恰当的引导，是一笔巨大的精神财富，它比给孩子留下巨额财产更能让孩子感到幸福。

"授人以鱼，不如授人以渔"，父母给孩子一笔现金，可能用不了几年就会被挥霍干净，但用时间和爱心留下的健康人格品质和良好的习惯却是一笔莫大的财富，能够让孩子受用一生。

孩子的心理需求，以下几方面最值得关切：

☆ 对正面肯定的需求

大多数孩子都较为看重来自家庭以及外界的承认或认同，父母如果能及时对孩子的"闪光点"给予肯定，会使得他更健康地发展。孩子的内在潜力是促使他在各方面进行努力的动力，当孩子工作或学习成绩有提高或者达到一定的要求时，还可以适当地给予赞美，用鼓励和奖赏来提高孩子学习兴趣，往往能够收到很好的效果。

比如，父母可经常对孩子说："你现在自己穿衣服比过去快多了。""中午饭吃了很多蔬菜，真棒！""刚刚进电梯，你等大家都出来后再进，真有秩序。"孩子会从这些表扬中接收到正面的外部刺激，孩子为了不让父母失望，下次遇到类似的情况会更加努力。

☆ 对自由的需求

"自己的事情自己做"，这是大多数父母教育孩子时的口头禅。但知易行难，当看着孩子吃饭时把米粒弄得全身都是，穿衣服时把衣服扣子系错了，或是磨磨蹭蹭半天不能让玩具归位，又有多少父母能够忍住伸手的冲动，坚持让孩子自己做完这些事呢？慢慢地，父母的包办代替成为习惯，甚至孩子交什么样的朋友，如何跟伙伴们相处，大学选什么专业，将来做什么工作，人生的每一步，父母都要掌舵引航。

"谁若不能独立，就谈不上拥有自由"。只有当孩子能够独立处理事务了，他们才能获得真正的自由，做自己想做的事。成人需要自由和独立的空间，0~6岁的孩子同样需要独立和自由成长的空间，更需要父母的关注和一个不受束缚的、能够适合他自由和独立成长的空间。著名个体心理学家阿德勒（Alfred Adler，1870—1937）发现，父母对孩子的童年溺爱可能会导致一种溺爱的生活风格，这样的个体几乎没有或完全不显示对他人的社会感受。溺爱会导致极端自恋，对他人缺乏尊重或同情心，夸大自我重要感，以及一种利用他人的倾向。在这些孩子的心中，他们的愿望就是规则，自己无需争取便可获得一切。他们还认为自己天生就具有某种权力，无人能及。在他们的生活中，已经习惯了只索取而不付出，不懂得如何面对生活中的问题。几乎所有被溺爱的孩子都有内在的恐惧症，他们正是利用自己的恐惧赢得了别人的关注，并成为自己人生观的一部分。

人的自我驱动源于自我感知，源于对"我是谁，我能做什么"的认知。在人的一生中，这种感知都是行为决策的心理基础。孩子的这种认知是很脆弱的，是需要父母用心呵护的。如果父母不敢给孩子自由的机会，多半是源于他们自身的某些惶恐和对孩子的不了解。如果父母希望孩子能够做到自我成长，那么最好的办法，就是给孩子属于他自己的自由空间和独立机会，而不是溺爱。所有的包办代替都会使孩子的将来举步维艰。

家庭中对孩子的溺爱，常见以下四种类型：过度纵容、过度许可、过度控制和过度保护。

过度纵容，父母持续地满足孩子的需求和欲望，导致特权感以及专横和老于世故。

过度许可，不顾孩子行为对他人的影响而允许孩子随自己的喜好去做事情，导致对社会规则和他人的权利的忽视。

过度控制，父母过度专横包办一切，导致孩子缺乏自信和成年后依赖他人的倾向。孩子总是乞求父母的帮助和支持，在年龄小的时候看起来并不是什么大错，可对他们以后的生活却有巨大的危害。如果他们的过度依赖一直持续，长大后也会一直乞求他人的帮助和支持，而不是自己主动去解决问题。

过度保护，父母小心翼翼，过分警告孩子所处环境中的潜在危险，导致孩子缺乏安全感，易形成普遍的焦虑和从社会情境中逃避和隐藏的倾向。

一项针对大学生的研究发现，父母比较专横的孩子更有可能在大学期间寻求心理治疗，将父母评价为过度纵容和保护的孩子则倾向于拥有低自尊，其父母被认为是过度纵容和专横的孩子则在自恋上得分较高。

聪明的父母总是跟在孩子身后，糊涂的父母总是堵在孩子的前面。在孩子的成长过程中，父母要适当放手，让孩子形成"这个世界是可以探索的、接纳的"最基本的认识的同时，让孩子独立、自由地成长。就如著名作家龙应台（1952—）在其《目送》中所说的那样："所谓的父母子女一场，只不过意味着，你和他的缘分就是今生今世不断地在目送他的背影渐行渐远。你站立在小路的这一端，看着他逐渐消失在小路转弯的地方，而且，他用背影默默告诉你：不必追。"

当然，保护与放手之间的恰当界线是不容易确定的，需要在孩子的成长过程中不断地调整。其实，蒙台梭利博士早就给自由画出了一个界线：不伤害自己、不打扰他人、不破坏环境。

☆ 对尊严的需求

孩子具有一种强烈的个人尊严感，大人却未能意识到他们的心理是很容易受到伤害和遭到压抑的。不少父母认为孩子年龄小，不懂事，并把孩子当做自己的"附属品"，再怎么批评指责，彼此之间也不会产生疏离感。于是，在与孩子相处的过程中，尤其在教育孩子时，不注意言行方式，不分场合地呵斥孩子，结果在不经意间就给孩子的心灵造成伤害。

孩子虽然年龄小，但也有自尊，他是活生生的人，有自己的人格，有感情，像父母一样也需要尊严。只有具有高度的自尊心，孩子才会自强不息，创造出奇迹。很多父母将批评与惩罚作为主要的家庭教育方式，长此以往，会使孩子丧失自信，丧失自我管理的能力。假如一个孩子正在专注地从事某一工作，成年人一次又一次地在他身边夸奖或者唠叨，这个孩子的精神自由就会遭到严重的影响。

☆ 对包容的需求

在父母眼里，孩子不听话是错，不好好吃饭是错，不按时完成作业是错，不好好学习是错……很多父母抱怨孩子不听话、不能跟父母好好说话，在他们看来，当孩子犯错的时候，批评和惩罚才是教育孩子最重要的方法。蒙台梭利博士曾说："奖赏与惩罚在精神上是奴役别人所用的工具，它们只会诱使儿童勉强去做非自然的努力，因此，这些行为只会妨碍孩子们的自然发展，教育人是不应该使人屈服压力的。"

大人会犯错误，孩子更难免。父母要允许自己和孩子犯错误，允许不完美，允许反复尝试。有时候，孩子的确不能意识到自己所犯的错误，就连成人也会在不经意间做错事情。人无完人，金无足赤。当孩子的确缺少做某件事情的能力时，成人的指责仅仅能够陈述事实，无法起到纠正错误的作用。

事实上，错误总是难免的，想让自己变得完美，就必须正确认识自己所犯的错误，并且设法改正。要知道，错误也是有其重要意义的，失败乃成功之母，错误往往是新发现的先导，孩子在自我纠错中认识到错误并加以改正。

孩子在成长过程中，会遇到很多我们无法预知的困难和挫折，如果父母不注意教育方式，不分青红皂白地批评、责骂、惩罚，不但不能让孩子改正错误，还会使孩子形成胆怯、退缩或者是叛逆、攻击等不良心理。

在惩罚性家庭氛围中长大的孩子，因在父母面前不能放松自如地表达情感与情绪，会倾向于在学校和班主任老师较劲，或者用逃学、厌学、不守校规等行为来挑战父母的权威。相反，如果父母能坦然地面对孩子的过失，心平气和地给孩子讲道理，帮助孩子分析过失所在，并指出改正的办法，孩子不仅能从失败中学到做人和做事的道理，还能有意外的收获。

"我们每个人都会犯错误，这是一个事实，能够承认这一事实我们就已经向前迈进了一大步"。因此，我们应当正确地对待犯错误这个问题，把它看作生命中不可分割的一部分。"错误无处不在，如果我们想追求完美，就必须注意自己的缺点，只有改正了这些缺点，我们才能提高自己，我们必须清醒地认识到这一点。"[1]

另外，心理学家发现，成长在包容和关爱的家庭中的孩子，在出生后头

---

[1] 兰小茹.蒙台梭利主题活动课程与设计.北京：科学技术文献出版社，2018.

两年里能够发展出安全的依恋,有更高的自尊心和同情心,更无私;对他人在受到伤害或悲痛时更具反应性;他们也会在之后的儿童期和青少年时期更少表现出攻击或者不当行为。

正如蒙台梭利博士所言,"改正错误并不是最重要的,我们首先应当认识到自己的错误。我们每个人都应当自我反省,检讨自己所做的事情是否正确,但我们不要过于重视自己所犯的错误,而应当对自己所犯错误的成因感兴趣。"对孩子来说,错误有特殊的重要性,孩子只有真正了解它,才能改正和去除它。

☆ 对交往的需求

人际交往能力包括善于与他人合作,并在沟通、协作、协商、分享、共情和倾听的基础上建立友谊。与他人交往,是每个人与生俱来的基本心理需要。与人交往对孩子的成长、个性的形成和发展具有特殊的意义。著名人际关系学大师卡耐基(Dale Carnegie,1888—1955)说过:"一个人事业上的成功只有15%取决于他的专业技能,另外的85%要依靠人际关系和处世技巧。" 这说明,一个人的智慧和能力是有限的。在现代社会中,单靠一己之力几乎不可能成就一番事业,也几乎不可能实现任何足以让自己满意的奋斗目标。心理学家莱金·菲利普斯说:"许多人不能与他人正常交往、和谐相处的原因,是因为他们在儿童时期没有学会基本的社会交往技能。"孩子的社交能力是需要从小就培养的,要提高孩子的交往能力,在生活指导中,父母既要指导孩子与同学友好相处,也要引导孩子与老师、与邻居友好相处,平时与家人的相处更是交往实践的必修课。

 专家支招

※ 学龄前孩子的养育要点 ※

蒙台梭利博士建议父母教育行为的黄金规则是,"要学会沉默,而不是讲话;要学会观察,而不是灌输;要做到谦卑,而不是自大。"

蒙台梭利博士认为,教育孩子的目的主要有两个:一是帮助孩子形成健全的人格;二是通过培养具有健全人格的孩子建设理想的和谐社会,这两个目的相互依存、相辅相成。要达到这两个目的,"激发生命,让生命自由成长"是教育者的首要任务。自由就是孩子能够按照自己的意志行事,要达到"自由"需具备3个条件:行为的主体、不受限制、想做或不想做的事件。自由教育的目的就是帮助生命通过自发活动刺激孩子内在潜力的发挥,使其按自身生长规律自然发展。

对于早期教育,蒙台梭利特别强调了出生后头三年家庭教育的重要性。如果孩子从刚出生起就能经常从父母那里得到抚爱,心灵得到抚慰,长大后孩子的性情也会变得比较温和、友爱、容易让人产生信赖感。相反,如果孩子出生后得不到父母的亲近,那么他的心理发展就会受到极大摧残,有可能导致智力低下、性情粗暴、举止蛮横。

☆ 如何给孩子提供温暖的爱,蒙台梭利给父母的建议

1.为孩子提供一个适合其自由活动的环境,不轻易打扰他

孩子刚出生时不具备任何行为能力,必须靠他自己的努力学会走路、跑步、攀爬等,获得人类应具有的能力,适应各种复杂的环境。因此,父母要注意激发孩子的主动性和自发性,让他凭借自己的努力,通过日常生活的练习、

体能训练、手工操作等活动发展自己的能力。

在创建环境方面，父母应该给孩子提供与他自身体格相当的、优质的、美好的实物，满足孩子喜欢使用和成人一样的物品的愿望。孩子的玩具要放在他自己伸手就能拿得到的地方；图画、挂画等给孩子看的东西，挂在孩子视线所及处，而不是成年人的高度。尽量给孩子使用真实的东西，如床、桌子、碗、杯子等。

2.家庭生活作息要规律

按时吃饭、起居。在遵守规则的条件下，孩子能够自由地活动，做他想做的事情，如孩子喜欢做一些生活上的事情，如穿脱衣服、用餐、扫地等，放手让孩子自己去做。只有通过练习和运动他才能获得经验，在做这些活动时，他会把与外部世界接触时所体验到的情感记录下来，这个过程会促进智力的发展。

有规律的生活也是为了满足孩子内在秩序感的需要，秩序的背后是孩子习惯的养成，给孩子营造适宜的环境，帮助孩子养成良好的生活和学习习惯是成长的基础。蒙台梭利认为，孩子对秩序的敏感期是从1岁或1岁半开始，持续到4岁左右。秩序感是生命的一种需要，当它得到满足时，就产生了真正的快乐。这里的"秩序"不是单指把物品放在适当的地方，还包括遵守生活规律，理解时间、空间的关系，以及对日常生活中常见物体找出它们之间的联系并进行分类。

如果孩子的日常生活有规律，对周围的环境和物品有一定的安排，有稳定的反应，这不仅能使他感到安全，还有助于增进他对世界的了解，并形成自己的个性。

在孩子的秩序敏感期，父母忌用烦琐而不必要的纪律使孩子的习惯和思维固化，进而把孩子塑造成一部只会听话不懂思考的机器。需要注意的是，强调秩序与规则，并不意味着孩子就要一直生活在一个固定的空间和环境里。孩子成长的过程，是不断拓展自己的疆界、不断拓展自己视野的过程，也是一个秩序不断被打破以及重新建立新秩序以适应环境的过程。

放手让孩子去做，说起来容易做起来难。因为成人总是倾向于压抑孩子的活动。由于他们不希望被打扰或被烦恼，于是试图使孩子驯服或者自己"代劳"。生活中常见这样的情景：当孩子正学着大人的模样自己端碗吃饭喝水时，一旁的大人们总是忍不住会说："瞧瞧你，弄得满桌子、满身都是汤汁，让我喂你吧！"当孩子想尝试自己穿袜子、系鞋带的时候，大人总是觉得孩子的动作太缓慢，不由自主地去代劳……成人的这种语言和行动，会让孩子变得无所适从，对自己缺乏信心。

3.发展孩子的语言能力，父母多用正面语言和孩子交流，避免使用负面语言

蒙台梭利认为，"孩子具有吸收力的心智，他能利用自己周围的一切塑造自己。特别是在生命的头几年，通过他与周围成人的密切接触和情感的练习，积极从周围环境中获得各种印象和文化模式。"

在《为新世界而教育》一书中，蒙台梭利指出："有人认为听觉的发展是最迟的，婴儿对于不理解的各种嘈杂的声音没有反应，这是因为脑的生理机制只对口语有反应，以后在适当的时候产生了运动机能，才能重演所接受的声音。假如这些中心的特殊机能没有建立，由他们随意接受任何声音，那么生长在农场的孩子就会将农场生活中突出的声音（即咩咩的羊叫声，哼哼的猪叫声和母鸡的咯咯声）铭刻下来；而出生在铁路附近的孩子就会发出火车的汽笛和喷气声。"由此可见，环境是非常重要的，父母须为孩子创造一个学习语言的环境，发展孩子的语言能力。

与孩子多用正面的语言交谈，还要注意交流的语气和用词。生活中，父母与孩子的对话难免掺杂一些反语。尤其2～5岁的孩子正处于语言和逻辑思维发展的关键期，词汇量突飞猛进，但是对语意及寓意的理解却仍处于发展中，还不能理解父母的"一语双关"或者语言背后的深意。如果父母经常说反话，会让孩子无法猜测父母的真实用意，也不利于孩子理解能力的发展。

一种话可以有两种表达，如要让孩子愉快做事，最好要用正面的语言说，而不要用负面的语言说。因为孩子也和成人一样，不希望被命令、被否定、被指责。只是我们的传统的教育思维习惯，导致我们一不小心就容易说出命令式的语言甚至负面的语言。"良言一句三冬暖，恶语伤人六月寒。"父母不要轻率地使用"请你安静""不要动""再吃一口"等命令式语言，甚至"真笨""这样做不对""你怎么没记性"等指责性的词语，以免孩子产生自卑感和丧失进取心。

在与孩子的沟通中，要以称赞、鼓励、肯定、感谢等积极态度，耐心聆听孩子说话，不要表现出不耐烦的情绪。在孩子刚开始学说话的时候，大多数孩子说得慢或容易出错，这时候父母更要耐心听完，然后用正确的语言示范，而不是用"你说的不对"来打断孩子；在孩子有话要说时，要仔细倾听：弯下腰或者蹲下来，与孩子保持同样的高度，看着孩子的眼睛。慢慢地，孩子就会与父母建立起良好的沟通渠道，能与父母无话不谈。

4.尽量与孩子一起从事实际生活的工作

父母与孩子最好一起从事孩子所能承担的家庭实际生活的工作。衣服的穿脱、用餐、扫除、浇水、整理物品等，这些实际生活中的事情对于孩子来说是充满乐趣的。对家务事的分派最好以建议的形式而不是命令的形式进行，要表示出感谢、喜悦、礼貌、称赞、鼓励的情绪。比如，托付孩子某种事情时，把"把那个东西拿过来"的说法改为"请你把桌子左边的红本子拿来给我"，清晰具体地表达物品的名称及所在地点。

5.在生活中尽量给孩子提供成功的机会

成人要以步骤清晰和放慢的动作向孩子展示每件事情的正确做法，并相应地为孩子提供他易于使用的物品，这样孩子会模仿使用，体验到成功的喜悦，增进自信，激发主动性。

当孩子在学习过程中出现错误时，尽量创造机会让孩子自己纠错，而不是急着指出孩子的错误。不随意打断孩子正在进行的活动，即使有客人时，也不应为了成年人的需要而影响孩子的正常活动。

6.鼓励孩子自己完成能胜任的工作，而不会为了加快速度而替代孩子做

孩子的时间感觉差，动作尚不协调，所以做事情自然缓慢，父母不要催促孩子，尊重孩子的速度，给孩子充足的时间，让他们按照自己的速度行事，这会产生积极的教育效果。当孩子发生错误时，父母要注意纠正错误的方法。学会容忍孩子的失误，放手让孩子再尝试。

孩子对自己感兴趣的工作不会感到疲倦，他通过工作得以生长、成熟，工作增加了他的能量。孩子从不要求减轻他的负担，而完全由他一个人完成他的使命。不过，成年人有一种不好的行为就是经常打断孩子日常生活中的正常工作。他们会对孩子说："做同一件事的时间不要太长，你们会累的。"但孩子却有一种尽力发挥的心理。

当挣脱成人的束缚，孩子们依靠自己学会了扫地、擦桌、倒水、浇花时，他们就会从这些日常活动中享受到乐趣，发现自己的价值，从他们一句句"我会扫地了""我自己浇花了"，那欣喜的语气中，会感受到他们的自信与自豪。相反，如果孩子没有亲身体验过如何扫地，如何擦桌子，就不会获得真正的独立能力。

7.父母是孩子的榜样

孩子以父母为学习的榜样而形成自己的人格，在家庭日常生活中，父母的人生观与世界观对孩子的人格形成都产生巨大的影响，务必铭记在心。正如不能阻止孩子的看和听一样，也不能阻止他对周围世界的感受。孩子在幼年时期所获取的一切将保持下去，甚至影响其一生。

在《家庭中的孩子》一书中，蒙台梭利曾讲过这样的实例："一个小女孩的爸爸是新教牧师，牧师每个星期日都去教堂里布道，女儿也一同参加。一次，牧师在布道时说：四海之内皆兄弟，穷人和不幸者也是上帝的子民，如果我们希望获得永生，对穷人和苦难之人就必须呵护。小女孩听后激动不已。在离开教堂回家的路上，牧师的女儿看见路边有一个衣衫褴褛的小女孩在乞讨。牧师的小女儿就跑过去，爱怜地拥抱和亲吻了这个乞讨的小女孩。这时，牧师和他的妻子简直吓坏了，一把抓回了他们穿戴整洁的漂亮女儿，一边急急忙忙走开，一边斥责孩子做事太冒失。回到家，牧师太太赶紧帮小女孩洗了热水澡，并给她更换了衣服。其结果是，从那件事情以后，小女孩心态大变，再听她爸爸布道时，就像听和生活无关的虚构故事一样，已不再有任何感动。"

孩子并不像我们想的那么简单，大人自以为是的态度以及那些错误不当的行为，孩子其实都看在眼里。大人是虚伪的，这种虚伪让孩子感到了绝望。这些隐藏的冲突和矛盾，总有一天会引发孩子和父母之间的冲突。父母在赢得胜利的同时，也失去了孩子对他们原有的信任，并且连父母和孩子之间的情感也一道消失。

8.多创造与其他孩子在一起接触的机会

幼儿期的孩子，简单的感官感受就能带来快乐的情绪。随着年龄的增长，孩子的快乐就会更多地来自别人的认同和赞赏。人际交往的快乐会带给孩子更多的归属感和自信，帮助孩子形成健康、积极的性格。一般3岁以前的孩子与其他孩子交往的机会很少，在这种情况下长大的孩子大多不会自动去寻找朋友，从3岁开始最好尽量提供孩子与其他孩子交往的机会，试着为孩子打造"社交圈"，让孩子多接触周围的同龄或年龄相仿的孩子，多给孩子创造社交环境。比如，吃完晚饭可以和孩子一起在小区里散步，周末带他去公园或游乐场玩等。任何时候父母都不要放弃孩子与他人正确交流的好机会，身体力行，父母是孩子最好的榜样，比如和邻居一起坐电梯时和邻居家的小朋友打招呼，邀请同事或是朋友的小孩来家里玩，一起去公园、旅游等，由此孩子能增长见识并培养社交技能。所以，从小就要让孩子习惯人际交往，让孩子多与不同的人接触，多参与集体活动，让他积累经验，增长智慧。

2

俗物还是天才，出生后三年的教育很关键

生命的初期，婴幼儿从环境获取大量信息，这也是心智活动最频繁的时期，从环境中学习语言，学习他们所在环境的文化，通过环境满足自己生理和心理发展的需求。正如人体的发展离不开食物和空气一样，人的个性形成，也必须靠他自己和环境交往取得的经验。

可以说环境是0~3岁婴幼儿成长和发展之基础，其发展始于对周围环境世界的摸、咬、敲、拍、扔，通过对环境的感知、互动来探索、理解和体验周围世界，在生活的日常情境中认识世界，0~3岁婴幼儿的各方面能力及其发展均是在与环境的互动中得到的。假如没有适宜的环境，他们的心理生活便受到影响；当环境与孩子的内部需要协调一致时，一切都会自然而然地实现。如果孩子不能在敏感期从事协调的活动，他们就将永远失去这个自然取胜的机会。

——玛利亚·蒙台梭利

第 2 章 俗物还是天才，出生后三年的教育很关键

出生后 3 年是智力发展的高峰期

0~3岁是人生成长最重要的三年，它奠定着一生发展的基础。蒙台梭利说过，"孩子出生后三年发展，在其程度和重要性上超过孩子一生的任何阶段。"我们是否有安全感，有怎样的依恋模式，对这个世界是否信任，很大程度上都来源于前三年我们是如何被对待的。但这一点，很多父母和教育者其实都还没有意识到。

我们从以往的经验中发现了一项可怕的事实，那就是婴儿期所遭遇到的负面经历，将会影响孩子一生的发展。胎儿在母体内发育的阶段，和他出生后在婴幼儿期的成长变化，都对孩子的未来发展具有决定性、关键性的影响。为人父母，我们要做的就是了解孩子，通过科学观察，加上营造科学的养育环境，帮助孩子跟随自己的节奏去发展，不再以爱的名义阻碍孩子独立发展。

一只刚刚破壳而出的小鸭子，当它睁开眼睛后，看到身边离自己最近的、活动的较大生物时，它就会认定这个生物就是它的妈妈。今后，它会本能地跟在 "妈妈"的后面，而不论这个生物是一只狗还是一只猫，或者一只羊。这种现象被称作"母亲印刻效应"，最早是英国科学家斯波尔丁于1873发现，而后由奥地利著名习性学家康拉德·洛伦兹（1903—1989）在1937年进一步证实，也是当今心理学领域一个很重要的概念。

进一步研究发现，印刻效应具有一定的时效性，小鸡母亲印刻的发生是在出生后的10~16小时，小狗则是在出生后的3~7周，小鸭子的母亲印刻只在孵出后的21~24小时之内存在，提前或滞后便不再出现。所以，人们把这段时期叫做 "临界期"或"关键期"。不光是小鸡、小狗和鸭子，后继的研究还证实了这是动物界普遍具有的一种行为方式。

印刻现象一方面说明了动物本身具有巨大的潜能，另一方面也说明了"妈妈"对动物的巨大影响，有什么样的妈妈就会造就什么样的后代。

根据从动物到人类演化延续性的设想，印刻现象必然也存在于人类儿童

早期行为发展中。有关印度"狼孩"卡玛拉的记载，可以说是这方面的典型。

1920年，在印度加尔各答西面的丛林中，发现了两名被狼哺育大的女孩。年龄大的七八岁，小的约有两岁。大概都是在出生不到半年被狼衔去的。两人被解救后，都被送到了一座孤儿院里抚养，大的取名为卡玛拉，小的取名为阿玛拉。

两个孩子被发现时，她们的言语、动作、情绪反应等都表现出明显的像狼一样的状态。她们不会说话，只会嚎叫，但声音和正常人不一样。最初她们不会用手，也不会直立行走，只能四肢着地爬行。白天她们一动也不动，一到夜间就到处乱窜，并且像狼一样吼叫。

为了让这两个孩子恢复正常的人类状态，人们做了各种各样的尝试。遗憾的是，被解救后的第11个月，阿玛拉就死去了。幸存下来的卡玛拉在2年后才学会直立行走，6年后才艰难地学会独立行走，到死也未能真正学会说话。4年内只掌握了6个词，听懂几句简单的话，第7年才学会45个单词。卡玛拉一直活到大约17岁，但智力还不如两三岁的孩子。

蒙台梭利认为，孩子心理的发展，一方面是天赋能力的自然表现，孩子的精神从其存在起就具备自我发展的积极力量，这种潜在生命力逐渐分化，并形成复杂的心理现象和系统；另一方面，孩子具有吸收性的心智，能帮助孩子从环境中获得各种经验，使之成为其心理的一部分。也就是说，孩子的发展，既有遗传因素，又受到出生后环境的影响。显然，狼孩就是因为出生后的环境错失了语言和智力发展的关键期。

婴儿刚出生时，为了求得生存，他们会借助吸收性心智，自发地从环境中选择他们成长所需要的东西，如同海绵吸水般从周围的环境中吸收各种信息，在无形中实现自身的发展。在这一时期，孩子通过感知觉和动作来探索环境，依靠内在的敏感性来无意识地吸收周围环境中的信息，并在各种信息的影响下，独立地形成和发展各种能力，从而获得心理方面的进步。在这期间，新生儿逐渐成长为一个独立的人，是一个"生命历程"的开始。

从怀孕一刻，儿童的自我构建就开始了，0~3岁是儿童智力发展的关键时期。这是儿童生理发育、心理成长，特别是大脑生长与发展特别快速的时期。蒙台梭利将0~3岁称为孩子的精神胚胎期，0~6岁是人格基础的形成时期，也是人身心各种能力发展的奠基时期。在这个时期内，婴幼儿要经历从无意识转化成有意识的过程,并形成感知、记忆、想象、思维等认知能力,以及兴趣、气质、性格等。

由观察得知,就正常的情况而言,在这个时期,孩子的确有意愿自由行动,能够做力所能及的事情,比如,他想要搬东西、自己穿脱衣服、自己吃饭等。他的意愿是如此之强,他的快乐感和成就感写在脸上,但成人常常反要阻止他。人的尊严来源于人格的独立,假如外界环境阻碍了孩子内部的要求,敏感性还会以一种反抗的形式出现,如发脾气、抵制等。这是由于某些需要得不到满足而产生的紧张状态。正因为敏感期是有时间性的、会转移的,不是持久的,所以成人必须识别它,并要最大限度地利用它。

这一阶段的每一分钟,对他们而言,都具有相当大的影响力。父母不能只依靠幼儿园3岁以后的教育,而让孩子一生中最具决定性的宝贵时间虚度。父母在这一时期要采取正确的教养方式,才能使人生中最重要的黄金时间不会荒废。

现代心理学研究已表明,0～3岁的发育成熟有赖于他们获得的营养与丰富的社会心理刺激。从生理学上讲,孩子的大脑在妈妈孕育的过程中已经具备了基本的构造和机能,这使得他们能在出生后迅速适应不同的环境。但大脑要真正发育完全,还要经过出生后3年的时间。这就是人与动物最大的不同:并非从妈妈肚子里出来就万事大吉了,出生只是完成了生育的一半,另一半要在出生后完成。这也说明了宝宝出生后3年教育的重要性。

★ 大脑是人体最神秘的器官

大脑是人体最神秘的器官,是极度复杂和精确的处理系统,包括了无数神经元和突触连接,大部分机能仍有待挖掘。大脑科学认为,神经发育的顺序是通过基因设定的,但每次发育的"品质"却是受环境因素的影响。孩子在6岁以前,大脑是通过从周围环境中获取"数据"来实现神经细胞的连线,以搭建自己的神经网络系统,而这个"中枢神经系统"将操纵孩子的一生。显然,孩子生活的环境对其大脑发育有着决定性的作用。

针对大脑的各种假说和理论层出不穷,但现在脑研究表明,大脑构造复杂,技能繁多,发育遵循一套特有的时间规律;只有在基本机能稳定的基础上，大脑才能发挥高级机能。

新生儿大脑的重量约是400克，占体重的1/8~1/9，约为成人脑重的25%，1岁时为出生时的二倍，达成人脑重的50%，2岁时为成人脑重的75%，显然在最初2年内脑发育是快的。此时，包围大脑神经的神经胶质数目是成年人的两倍，其目的是为将来的神经元分化做储备。到了第3年，大脑开始对细胞进行筛选加工，多余的部分被清除，必要的部分得到强化。直到这个阶段，孩子还在不停地适应父母和周边的环境，同时调整自己的大脑构造。

第一阶段顺利完成之后，会经历一段相对平稳的时期，也就是3到10岁左右。之后，大脑最前端的前额叶开始迅速发育，到12岁基本完成。这个时期和第一阶段差不多，也是神经元突触激增，之后由大脑进行加工（修剪），进行大脑神经线路的连接。在这个过程中，大脑会超负荷运转，经历狂风暴雨般的反复"调试"，很容易做出错误的判断，导致危险的行为。虽然3岁左右的孩子也会有这样的经历，但那个时期多数事情都是由父母代劳，因此通常能比较顺利地度过；但到了10岁左右，孩子已经具备了一定的常识和独立性，度过这一阶段反倒不那么容易了。接收到的来自外界的知识增多，但他的消化和接受能力有限，所以会经常陷入迷惘和混乱当中。

从幼儿时期的大脑到成人的大脑不是一朝一夕形成的，必须经过不断修剪旧的神经元联结，同时形成新的神经元联结的过程。要使大脑生长发育良好应从两方面努力：一是良好的营养，充足的氧气，优越的环境，促使大脑组织的生长，完善大脑结构；二是良好的信息刺激，提高大脑的功能。前者为大脑发育奠定物质基础，后者为大脑功能提供精神食粮，两者结合才能使孩子的大脑得到充分开发。

我们常常看到，10岁左右的孩子非常叛逆，即使妈妈只挑好听的话说，他们还是要顶嘴。这样的叛逆举动，其实正是前额叶迅速发育的表现。

★ 人出生的时候都处于同一个"起跑线"

孩子刚出生时，他们看起来非常相似，无论是正常孩子还是特殊孩子，都将经历相同的成长规律，走相似的发展道路，而最终结果，我们都知道，正如这个世界上没有两片相同的树叶，这世界上也没有两个完全相同的人。通过了解0~3岁心灵胚胎期的发展，我们可以感受到这三年的成长对以后几十年的人生路的意义。在3岁前，孩子有成为一切可能的机会。作为成人，我们所做的一切，可能无法立刻看到效果，却将作用于孩子的整个人生，影响着孩子终生内在力量和自我的构建。

"教育万能论"的倡导者法国哲学家爱尔维修曾经说过："人刚生下来时都一样，仅仅由于环境，特别是幼小时期所处环境的不同，有的人可能成为天才或英才，有的人则变成凡夫俗子甚至蠢材。即使是普通的孩子，只要教育得法，也会成为不平凡的人。"

从人类大脑的发育来看，事实的确如此。人类在出生时脑容量已有140亿个左右的脑神经细胞，这是脑神经细胞的一般值，另外，还有约400亿个神经胶质细胞专门供给脑神经营养和脑受伤时起治疗作用。维持大脑活动的神经细胞在人出生之后，数目就已经确定，以后也不会增加。也就是说，这140亿个脑神经细胞对所有的人来说都是一样的，不管是大人还是小孩，无论是东方人还是西方人均是如此。

普通人脑中的这140亿个脑神经细胞，在人们刚出生时并没有多大作用，感知光线、观看外面的世界、倾听声音的来源等功能都是在出生之后受到外界刺激才开始的。所以，即使父母都能说一口流利的英语，孩子也不可能一出生就能说英语。人所有的能力都是在出生之后才开始发展的，这是大脑发展的规律。也可以说，人出生的时候都处于同一个"起跑线"上。

★ 适当刺激可提高婴幼儿的大脑功能

连接脑细胞的神经节点称为突触。信息就是通过突触，从一个脑细胞传递到另一个脑细胞的。神经学家就是用长有突触的细胞和脑细胞总和的比例来确定人脑的使用率。突触越多，说明脑细胞的使用率越高；突触越少，说明脑细胞的使用率越低。

婴幼儿脑细胞与脑细胞之间的神经传递尚未完整建构，因此0~3岁婴幼儿大脑成长的重点在于让神经突触的髓鞘化更完整，而通过每天适当的刺激，可以促进大脑神经网络更紧密地联系，从而提高婴幼儿大脑的各项功能。

婴儿期如果外部传授的经验或刺激不足，那么大脑就会通过"砍树枝"来除掉突触。21个月时神经元突触将会减少40%。研究发现，只有在刺激下幸存下来的突触才更有生命力，它们与神经元突触的连接更加坚固，才会让宝宝在不断成长的过程中更加聪明。

由此可见，一个孩子是天才还是俗物，与其说是由先天的遗传、禀赋等因素所决定，莫如说是由后天的环境影响和教育等因素所决定的。

大脑的生长开始于妊娠期最后3个月，并且会持续到3岁左右。这一时期也是神经功能发育的重要时期，微笑、牙牙学语、爬行、走路等所有婴幼儿时期出现的感知、运动和认知发展的主要转折点都是在脑部发育，尤其是大脑皮层的快速发育基础上，才可实现。

人在出生后3年内，良好的教育刺激脑组织的发育，让各类神经元分化，大脑皮质层扩展，细胞发育完美，神经纤维生长繁殖，突触连接增多。简而言之，就是增强大脑的活跃程度，让脑细胞与脑神经在有限的空间内发挥无限的可能。

★ 早期教育至关重要

在家庭的早期教育中，科学的教育理念对于孩子的智力发育至关重要。很多人可能会问，0~3岁婴幼儿什么都不懂，这么小的孩子能学会什么呢？这种看法其实是对早期教育的狭隘理解。科学研究表明，每个孩子生来具有巨大的潜能，这种潜在能力是由遗传基因决定的，教育就是将这些潜能用有效的方式最大限度地激发出来。

父母在与孩子互动的过程中，用尽浑身解数去引导孩子参与其中。在孩子充分发动感官积极参与听、说、唱、跳等各种活动中，我们看到了孩子的变化和成长，这些变化源于教育者创设的环境和所采取的方式方法。你会看到孩子在多感官参与的环境和游戏中，思维越来越敏锐，语言表达能力越来越强，手部动作越来越灵活，智力水平越来越高。

日本早期教育专家木村久一曾提出过潜能递减的法则："比如，生来具备一百度能力的孩子，从其一生下来就对他进行科学的早期教育，那么他成人后，就能成为具有一百度能力的成人。如果从5岁才开始对他教育，即使教育方法非常得当，他也仅能成长为具有八九十度能力的成人。如果拖延到10岁开始对他教育，即使教育得再好，也只能达到具有六七十度能力的成人。就是说，对孩子的教育开始得越晚，他的潜在能力就被挖掘得越少。这就是孩子能力的递减法则。"

蒙台梭利说过，"儿童是成人之父。"也就是说，成人的种种品质与能力的基础大都是在小时候形成的，幼儿期的教育状况孕育成年期的发展潜质。

★ 早期教育的内容

父母对婴幼儿的早期教育随时随地在进行，主要包括以下方面：

☆ 爱的教育

爱是人类心灵正常发展最重要的条件之一。那到底什么是"爱"呢？心理学家弗洛姆（Erich Fromm，1900—1980）在其经典名著《爱的艺术》中认为，爱并不是同一个具体人的一种关系，它是一种态度、一种性格特征的倾向性。母亲的爱，是对孩子的生活和需要无条件的肯定，包括两方面：一个是对孩子生命的保护和成长必须绝对关心并有一种责任感；另一个方面是给孩子灌输爱生活的思想，使孩子产生这样一种情感：活着是有意义的，做一个小男孩或小女孩是幸福的，在这个地球上生活是幸运的。

其实，人类作为大自然的孩子，我们的父母——大自然，给予我们的初心就是让我们通过自己的努力实现一生福利最大化。因此，我们为人父母，除了要照顾孩子的生活起居、吃喝拉撒以外，更重要的是要关注孩子的心理及情感的需求，让孩子感受到浓浓的爱意。

在日常照看孩子的过程中，父母以及其他照看者可通过和孩子对视、微笑、拥抱、抚摸、逗引等形式，让孩子接收到爱的信息。同时，还要创造和谐温暖的家庭气氛，不能把所有的关注点都放在孩子身上，夫妻关系也需要用心经营，营造和睦的家庭关系，互敬互爱。这样会让孩子感受到来自家庭的温馨和愉悦。生长在爱的氛围中，孩子会对周围充满信任和安全感。

拒绝敏感
与孩子一起成长

☆ 感官刺激

对于婴幼儿阶段的孩子来说，丰富的感觉刺激，能够丰富孩子的感觉经验积累，同时，丰富而适当的刺激能帮助孩子大脑发育和建立丰富神经网络。客观事物是通过感觉器官反映到大脑后被感知的，0~6岁的孩子善于运用视觉、听觉、味觉、嗅觉、触觉等感觉器官去收集和感应外在的刺激，五官是接受有关外界事物、知识的渠道，然后经由中枢神经传至大脑，当大脑获得信息后，即通过运动中枢神经器官开始工作，在这样重复过程中，身体就会听从大脑的指挥做出适当反应，如阅读、写字、读书、吃饭等。

孩子的感觉器官越发达，认识世界的能力就越强。所以，需要给予这个阶段的孩子提供智力性的刺激，首先就必须尽量多地给他促进感觉发展的机会。有针对性、有计划地对孩子的感觉器官进行丰富刺激不仅可以使宝宝认识周围世界，还能有效地促进孩子的视觉、听觉、嗅觉、味觉及触觉的发育，进而促进孩子大脑的发育和智力的开发。

比如，视觉刺激，父母可以在宝宝摇篮的四周贴些单纯图片，可以将小床的围栏装扮得鲜艳些，并经常更换。听觉刺激，可选择一些玩弄时能发出悦耳声音的带响玩具，如手摇铃、拨浪鼓等。另外，带孩子出门看看外面的世界，是一种最简单方便而又有效的方式，动物园里的飞禽走兽，郊外的花草树木，乡间的田野溪流，街上的熙熙攘攘，动听的音乐等，都是对孩子的大脑和心理发育有益的感官信息刺激。不要总让宝宝待在摇篮里，父母不妨多带孩子到处看看，听听，摸摸，让他们熟悉、感知周围的事物，与大自然、新环境接触所得到的体验和感受，这才是对孩子有效的刺激，不但可以开阔视野，增长见识，这些丰富的刺激还可以促进他们大脑的发展。

☆ 动作训练

蒙台梭利指出，"儿童自我必须通过自身的运动和手的活动才能实现。"在不同的发展阶段，孩子会对某种事物或活动产生特别的爱好和兴趣，这就是对孩子实施教育的最佳时期——敏感期的教育，儿童动作敏感期在0~6岁，其动作发展主要包括两个层面：大肢体动作发展和手部精细动作发展。

婴幼儿的动作训练主要包括两个方面，即大运动训练（抬头、翻身、坐、爬、走、跑、跳等）和精细动作训练（捏、按、抠、拧、塞等）。通过

有趣的游戏活动让婴幼儿的大肌肉动作和手部动作得到充分的训练，锻炼其全身的肌肉和骨骼，促进孩子运动感觉功能、观察力和思维能力的发展，促进孩子感觉器官与运动的协调性。

☆ **语言能力的发展**

语言是交流的工具，语言能力是人在社会活动中最重要的能力之一。早期语言的发展对孩子今后的各项发展都有着至关重要的作用。一个不善于语言表达的人，常常在人际关系、社会活动中表现较为消极，甚至有口讷、语迟、自卑等沟通障碍。

0~6岁的孩子处于语言敏感期，尤其3岁以前，是语言发展最佳期，在此时期父母抓住恰当的时机，为孩子营造良好的语言氛围，因势利导地教孩子语言这一点非常重要。在语言敏感期内，孩子每天所接受到的语言指示与提示，把当地所有的名词、动词、形容词、副词、量词、介词、连接词、俗语、方言、口头禅、成语、谚语等他们所能听到与看到的，以及隐含在文字中的思想意识吸收起来。他们在毫不费力的情况下接收了。

在学习语言的过程中，孩子先对人的声音产生兴趣，然后对词，最后才对语言的复杂结构产生兴趣。父母要从训练婴幼儿的听音和发音练习入手，因为学习语言既离不开说，同样离不开听，所以要为孩子提供听的环境，提供说的机会。父母应该尽早与孩子交谈，因为6周大的婴儿就会对谈话的声音有所反应。这一阶段，如果照顾孩子的人不爱说话，不去理会孩子或者和其他大人说话，那么这个孩子说话的时间就减少了。孩子的言语发展水平很大程度上取决于他所处环境中的语言，包括成人之间的对话及成人对孩子言语的回应。用简单而自然的方式与孩子交流，父母会发现自己的孩子可以自信地说话，善于沟通。

应该注意的是，父母的语言要准确、清楚、缓慢，要科学地重复和再现。一旦孩子有所表示，比如微笑、踢脚或摇手，父母应该马上给予鼓励，及时回应。孩子一旦开口叫出"爸爸""妈妈"，父母就应该乘胜追击，让孩子保持说话的热情，全力鼓励孩子说话，为孩子预备说话的环境和材料。可以引导孩子念儿歌、讲故事。到了孩子能说双音词、短语时，父母要尽量说简短的句子，让孩子去理解体会。在语言教育方面，不要教孩子不完整的话和方言，比如教孩子"嘘嘘"（撒尿）、"丫丫"（脚）、"汪汪"（狗）之类的。这些语言对孩子语言的发展有害无益，这一点要特别引起父母的注意。

☆ 良好的行为习惯

美国心理学家威廉·詹姆斯（William James，1842—1910）说："播下一个行动，收获一种习惯；播下一种习惯，收获一种性格；播下一种性格，收获一种命运。"好习惯会让人受益终身，0~3岁的婴幼儿可塑性大，模仿能力强，是习惯养成的关键时期。家庭是孩子最先接触社会的桥梁，父母是他的第一任教师，生活习惯和行为习惯也一定会对孩子产生重要影响。父母应以身作则，给孩子树立正面的榜样，在父母言行的影响下，经过长时间的积累、重复而形成好的行为习惯。

☆ 同伴交往能力

社交能力并非是天赋异禀，大多数是通过后天的培养和影响形成的。孩子在家庭以外最亲近的同伴就是同学，最多的同伴交往就是同学交往。孩子的交往技能，如分享、轮流、协商、合作等，需要父母在潜移默化中传授给孩子。父母如果能从小就注意培养孩子与人交往的意识，孩子长大后会拥有良好的人际交往能力。在日常生活中要引导孩子主动与人说话，积极为孩子营造良好的交际环境。也可在天气晴好的时候，走出家门，鼓励孩子与他人交往，学会和其他孩子分享自己的物品，让他学会在与他人互动中管理和约束自己的行为。

 经典案例

※ 早期教育关乎孩子的未来成就 ※

哈佛大学心理学教授鲍里斯·塞德兹（Boris Sidis，1867—1923）根据自己教育儿子小塞德兹的经验，写过一本名为《俗物与天才》的书，此书在当时和后世获得了巨大的反响，被一代又一代的父母奉为教育孩子的经典之作。

在鲍里斯的教育观念的培养下，他的儿子小塞德兹从1岁半就开始接受教育，到3岁时已能自由阅读和书写了，11岁考入哈佛大学，15岁时作为哈佛大学的优等生毕业，并在18岁时获得了哲学博士学位。

小塞德兹的幼年，几乎都在丰富而有趣的环境中。孩子刚一出生，鲍里斯和妻子莎拉就为他精心地布置了属于他的生活空间，尽量让孩子的睡房活泼有趣、富于变化。在他的屋子里摆满了书，并用颜色好看的饰物装饰房间。尽力让他在每一次从睡梦中睁开眼睛时都能看到美好的东西。这些鲜亮的颜色和丰富有趣的形状，使得小塞德兹只要睁开眼睛就可以看到，然后就会笑个不停。

他们还每天放音乐或者弹奏吉他、钢琴给儿子听，以使得他可以感受来自声音的不同刺激。小塞德兹对于这不同的刺激，尤其是物体运动时的刺激特别喜欢，可以说，自降生的那一刻起他就在接受教育，他好似天生就对事物是运动而非静止的状态有所认识了。

鲍里斯的潜能理论认为，每个人天生就在某方面具有特殊的能力，但这种能力并没有很清晰地显露出来，而是隐藏在深处。这隐匿起来的能力就是潜能，或者说是"天才"。因此，天才并不是人们通常认为的那样，是只有少数人才拥有的专利。每个人都可以成为天才，只要将他们所具有的潜在能力开发出来。如果这种潜力能被顺利开发出来，那么这个人肯定成就非凡。当然，由于没有得到适当的教育，大多数人的潜能都被埋没了。而一旦没有及时发挥潜能，潜能就会在一定的时间内慢慢枯萎。因此，开发潜能就成了教育最重要的目标。

鲍里斯还认为，刚出生到1岁是孩子学习东西最快的时期，也是开发潜能的最佳时机。如果这时不开发，就会白白浪费脑力和潜能，这绝对是很可惜的事情。在2～3岁的时候，孩子就逐渐拥有逻辑思维和探究真理的能力，当然，前提必须是语言能力发达，如果没有很好地掌握语言，孩子就很难显现出强大的思维能力，因此，他主张教孩子学习语言越早越好。

鲍里斯夫妇在教儿子小塞德兹学习语言时，总是尽量地结合具体事物，从不盲目地让孩子去学习那些很难了解其意义的词汇。鲍里斯会带小塞德兹四处旅游以开阔孩子的视野，同时扩大词汇量。可以说，小塞德兹的教育始终在一种轻松愉悦的氛围中完成。无论是数学、生理学还是物理学，他都在那种近似于玩耍的状态中逐渐掌握。

鲍里斯告诫父母，在给孩子传授知识的时候，切记不要通过死记硬背和强行灌输的方式。他在书中写道："我曾认识这样一个孩子，由于父母对他的期望过高，结果使他丧失了学习任何东西的热情。为了使他成才，他的父母给他安排了许多学习内容。这个孩子每天除了吃饭和睡觉之外，几乎天天都被关在房间里啃那些无趣的书本。他的父亲不许他与别的孩子接触，也很少带他到外面玩。读书、学习，几乎是他唯一能做的事情。这样的教育方式，不使孩子失去对学习的热情才怪呢！"

3

读懂孩子分离焦虑的信号，轻松做父母

孩子在敏感期拥有一种极具创造性的本能，这种本能对孩子的影响力非常惊人，如果这种本能受到了破坏，就有可能使孩子变得体弱，缺少活力。虽然成人对孩子的敏感期没有直接影响，但是如果孩子在敏感期没有按照敏感的"指挥"行事，他们就会永远失去这种天赋的能力。

如果孩子在敏感期里遇到了障碍，无法正常发育，他们的心理发展就有可能因此发生紊乱甚至扭曲。

孩子的敏感性受到外界的干扰和阻碍时，他们就会产生抑郁或愤怒的情绪。很多成人不理解孩子为何会这样，认为他们是无理取闹，将他们这些表现视为"任性"或"发脾气"。

孩子在敏感期发脾气可能是他们的需求没有得到满足的一种外在表现，也可能是他们对某种危险或杂乱无序的警觉和应对方案。只要孩子的需要得到了满足，或者危险、无序的状态得到了缓解，他们的情绪就会平复下来。

——玛利亚·蒙台梭利

分离焦虑的多种表现

腾腾刚出生时,家人都觉得这孩子很友善也很大方,无论是家人还是亲戚朋友逗他、抱他,腾腾都会报之以微笑。当他长到 8 个月大的时候,这种情况开始出现了变化,一旦有陌生人靠近,腾腾就会表现得很焦虑,做出躲避的姿势。如果有外人想抱抱他,腾腾更是会害怕地哭起来。在平日里,当他在床上玩玩具的时候,一旦扭头发现妈妈不在身边,也会哇哇大哭……

腾腾的这种表现,心理学上称为分离焦虑,孩子与亲密的抚养者分离时所表现出来的不安情绪和行为,就叫"分离焦虑"。它是儿童时期较常见的一种情绪障碍,而这种不适应行为或情绪,在不同年龄会有不同的行为反应。它是幼儿社会性发展中的正常反应,这是处于秩序敏感期婴幼儿的典型特征。分离焦虑不是一件坏事,是孩子在成长过程中出于对自身保护的一种能力,所以提到分离焦虑的时候父母不用过于紧张和焦虑。面对这个问题,父母需要多花心思、多点耐心去了解、接纳和对待孩子,孩子需要父母正确的陪伴一起度过这个阶段。

通常,大多数人会认为入园前的分离焦虑只有孩子才会发生,事实却并不是这样的。孩子会出现分离焦虑,是因为长时间接受一人的照顾,会对其产生依赖心理,分开时自然会出现焦虑;但父母也是孩子入园分离焦虑的高发群体,当看到孩子不开心、有情绪时父母自己也会烦躁不安。甚至孩子入园时,很多父母的分离焦虑比孩子更严重。

孩子出现分离焦虑的主要表现是不愿意离开依恋对象,与依恋对象分离时出现过度的情绪反应,如烦躁不安、又哭又叫、乱发脾气、痛苦、淡漠或社会性退缩等,有些孩子会紧抱着大人的腿,不让其离去,或是追着大人跑。分离焦虑程度较严重的孩子,甚至连大人上厕所也要跟,醒着的每一分每一秒都想看到主要照护者。当依恋对象好不容易离开后,孩子依旧会情绪不高、不愿上床睡觉,更有甚者会出现睡眠不好、反复做噩梦、讲梦话、头昏乏力、心悸多汗等症状。

★ 分离焦虑是幼儿知觉和认知发展的自然产物

认知发展理论认为，分离焦虑是幼儿知觉和认知发展的自然产物。6~8个月大的婴儿在头脑中已经形成关于熟人面孔的稳定"形象"，而陌生的面孔则成为恐惧的潜在刺激物，这一阶段的婴儿在对陌生人产生恐惧之前，常常先盯着陌生人看。这种短暂的凝视不是恐惧引起的"惊呆"，而是一个认识过程：他是谁？这个面孔和熟悉的那些面孔是不是一样？原来熟悉的亲人的面孔到哪儿去了？当他们不能回答这些问题时，就会对陌生人产生警觉，同时用哭声来召唤熟人。

也就是说，孩子之所以会出现分离焦虑，与自身的不安全感有关。有时候，这种焦虑还会引起孩子生理上的应激反应，会把所有的注意力用在寻找熟悉的亲人上，大哭大闹、不喝不吃，甚至出现感冒、肚子疼等症状，因为这样的结果会使父母总是在他的身边陪伴照顾。分离焦虑严重的孩子，还可能会假装头痛、腹痛等，病程也可持续数年。

★ 不安全感源自对亲人的依恋

孩子的不安全感主要与对亲人的依恋有关。母亲是将孩子与社会相连接的第一条纽带。孩子的所有潜能都会受到母亲的影响。拥有做母亲的欲望，是人类向卓越发展的一个表现。母亲常常将孩子看成自己的一部分，有了孩子，她才会觉得自己是一个整体，才会感受到主宰自己生命的力量。在母亲心里，会认为自己是造物主，看着一个新生命在自己手中成长。

从受孕开始，胎儿在母亲体内逐渐发育生长，这一时期是和母亲紧密相连的一体。孩子出生，算是与母亲的第一次分离，在肉体上真正实现了自我，成为一个独立的人。出生后，婴儿和母亲的情绪关系，将为未来的所有关系打下基础，所以父母此时一定不能忽视孩子的这种依恋。

婴儿出生后的依恋是孩子和照看者之间一种互惠的、持续的感情连接，双方对这种关系的质量都有贡献。根据生态学理论，婴儿和父母在生物上具有先天的互相依恋的倾向，而且依恋能使婴儿更容易生存下去。婴儿出生后，母亲有各种和孩子亲密接触的机会，比如抱孩子、与孩子说话、给孩

子洗澡、喂饭等。如果母亲对这些事情不熟悉或者没有兴趣，就会显得很笨拙，孩子也就不会对母亲产生兴趣。如果母亲从不给孩子洗澡，孩子就会觉得洗澡是一件令人厌恶的事情。这样，母子之间也就不会建立起和谐的依恋关系，孩子还想要远离母亲。

孩子从七八个月起，一直到2岁前后，对其照顾者尤其是母亲依恋十分明确。当他们所依靠的、最亲近的母亲从视线中离开时，孩子就会感到非常不安，大一点的孩子还会努力把母亲留下来，会采取接近、步步紧跟、抓衣服、抱腿等行为方式，寻求母亲的保护，严重的还会采用喊叫、哭闹来表达自己的焦虑，以此呼唤妈妈的出现。另外，有可能出现这样的情况，即当母亲离开后回来，孩子可能采取不认母亲的方式来报复母亲。

★ 分离焦虑的轻重程度与家庭教养方式有关

分离焦虑是一种常见的孩子心理问题，孩子出现适度的分离焦虑症状是正常的，但是如果孩子的分离焦虑症状很严重，这将会影响孩子的正常身心发展。如果此时父母没有重视，那么孩子的焦虑问题会越来越严重，将会持续影响孩子的身心健康发展。

家庭是孩子3岁前最重要的成长场所，家庭成员是影响甚至决定孩子人生观、价值观和行为方式的重要因素。孩子早期分离焦虑受遗传与环境的双重影响。家庭教养方式作为一种重要的环境影响因素，其影响不可忽视。

家庭教养方式是影响个人成长的重要因素，对个体社会化与心理健康以及人格发展等均能产生重要影响。不同的父母家庭教养方式不同。在子女成长过程中，父母对其言行的管束与要求、亲子沟通等方面的表现会有所差异，而这种差异又影响孩子智力与非智力能力的发展。

研究表明，父母长期不当的教养方式及不良的社会环境与子女的诸多心理问题形成过程有显著的相关性。比如，家庭教养方式与孩子的社交恐惧相关，有社交恐惧的孩子往往也认为他们的父母社会交往也比较少，对自己的关心照顾不够。他们还过分在意他人的观点，非常在意自己的表现，经常会感到害羞与羞愧。如果孩子不能在与别人的交往中锻炼自己，他就会越来越悲观，产生很深的自卑心理而无法自拔。

此外，家庭的教养方式对孩子焦虑有显著的影响。父母教养方式的不同类型，如过度保护、过度干扰等，都会在不同程度上影响孩子分离焦虑的产生。研究发现，采取民主型教养方式的孩子社会性得分高分组的比例大大高于宽容型和专制型，可见，良好的亲子关系有利于孩子接受教育，并且有利于孩子的社会性发展。

★ 孩子与母亲的依恋模式

依恋，一般是指个体的人对某一特定个体的长久持续的情感联系。孩子对抚养者的依恋表现为孩子对抚养者的一种追随、依附和亲密行为以及由此带来的归属感和安全感。依恋的产生被认为是一种生物需要，是人类世世代代进化后保存下来的基因遗传，而并非婴儿后天习得的一种社会行为。

在众多可能的抚养者中，母亲被认为是与婴儿形成依恋关系的最佳人选。母亲和婴儿之间亲密的情感联结，被认为是促进婴儿个体发展最原始的、最主要的力量。婴幼儿与母亲的依恋关系的产生是其安全感、自尊感、自制力和社交技能发展的起源。依恋关系对孩子的适应性、好奇心、解决问题的能力和社交发展都有重要影响。良好的健康的依恋关系，为孩子日后的个性发展、人际关系的处理、压力的应对等，提供了坚实的基础。反之，不健康的依恋关系或者依恋关系的缺失，使孩子从年幼时，就处于发展的劣势。他们在儿童期和青春期，更容易出现心理问题，比如焦虑、抑郁、回避人际交往、缺乏自信、缺乏价值感。这些孩子也更可能出现行为问题，比如反社会行为和攻击行为。

婴儿依恋模式的区分是建立在能够对婴儿依恋情况加以测量的基础上的。这个测量的人就是心理学家玛丽·安斯沃斯。根据孩子在陌生情境中的不同反应，安斯沃斯将孩子与母亲的依恋模式分为3种：安全型依恋、回避型依恋、矛盾型依恋（也叫抗拒型依恋）。

当母亲离开时，安全型依恋的婴儿会哭泣或抗议，当母亲回来时就会高兴地欢迎母亲。孩子把母亲当做安全基地，会离开母亲去探索，偶尔会回到母亲身边寻求安心。他们通常愿意合作，相对较少生气。这类孩子在幼年一般较为积极地探索和成长，且自信指数高，形成了安全的依恋关系，伴随着成长容易信任别人，容易建立积极的人际关系和亲密关系。

回避型依恋的婴儿，当母亲离开的时候很少哭泣，当母亲回来时拒绝母亲。他们往往会生气，在需要帮助时不会表达需求。他们不喜欢被单独留下来，更不喜欢被斥责。这类孩子对父母的依赖程度很低，采用回避或逃避的方式。在人际交往中，不容易信任周围的人，性格孤僻，难于与周遭建立友谊。

矛盾型依恋的婴儿，在母亲离开之前就焦虑，当母亲离开时非常烦躁。当母亲回来时，婴儿表现得很矛盾，想去和母亲接触，同时又通过踢打和扭动身体表示抗拒。抗拒型婴儿很少去探索，很难被安慰。这类孩子一般情绪不稳定，脾气大而急躁。在人际交往或亲密关系中，要么过度黏人，试图去控制他人，要么患得患失，总会往坏处去想和猜测。

近年来，研究者还发现了一种新的依恋模式叫无组织—无目标型依恋。这种依恋类型的婴儿缺乏有组织的策略来应对陌生情境压力。他们表现出矛盾、重复或混乱的行为，表现不可预估，时而平静时而愤怒。比如，当母亲离开时，他会向陌生人而不是母亲寻求支持。当母亲回来时，高兴地欢迎母亲，接着掉头离开，或者靠近母亲但眼睛却不看她。早产儿、患自闭症或唐氏综合征的孩子以及母亲是酒精或药物滥用者的孩子多表现为此类型的依恋。

★ 安全性依恋影响孩子的认知能力

安全型依恋关系的建立将会影响婴儿的感情、社会性和认知能力。婴儿对养育者的依恋越安全，他们就越容易和他人建立良好的关系。

婴儿对陌生人的强烈恐惧和母亲离开时的激烈反应，都不是安全型依恋的信号。如果一个孩子有一个"安全基地"，并能信任父母或照料者的回应，他们就可能有足够的自信去积极探索世界，长大后对自己抱有积极的看法，具有较高的自尊，表现出自信、独立、适应性强等积极的心理品质。可见，从孩子出生起就给他建立安全性的依恋关系是何等重要。

虽说分离焦虑是孩子离开母亲时出现的一种消极的情绪体验，但父母对此不用过于紧张和焦虑。这是因为，孩子是在为"人"的分离和独立做准备，只是在这个阶段，对分离后未知的情况而感到恐惧。但确实存在这样的情况，安全感不足的孩子反应会比较强烈，而安全感非常充足的孩子，可能很难让你察觉。所以，如果条件允许，建议3岁前减少母子长时间分离，同时补足孩子的安全感。

有着安全型依恋方式的孩子通常有这样的父母：父母会对他们的需求有所回应，并在和孩子的相处中表现出正向情绪，认同并尊重孩子。孩子信任父母，并且在这种依恋关系中认为自己是被人喜爱的，是很有价值的存在。

有时候，父母会发现，在孩子熟悉的环境中，即使他看不到父母，孩子也并不会表现出害怕的情绪，只有当父母明确表示要离开他时，孩子的反应才比较强烈。还有就是当孩子情绪饱满时，即使在一个相对陌生的环境中，孩子仍会主动尝试离开父母片刻，然后回到父母身边寻求保护。这是孩子主动在体验与父母分离时的感觉，同时也想证明自己的能力。在这种情况下，父母一定不要嫌孩子跑来跑去太麻烦，而是要抓住机会鼓励，可以和孩子玩玩捉迷藏游戏。

★ 改善分离焦虑首先要培养孩子安全感

每个孩子都或多或少有分离焦虑。面对孩子初入幼儿园，父母要有包容与接纳的心态，不要因为"分离焦虑"而对孩子动怒或让自己陷入分离焦虑。

在改善分离焦虑方面，父母要以培养孩子的安全感为首要，只有安全感充足的孩子，才会积极地想办法与母亲进行分离，完成其人格的发展。对此，父母更不要有失落感，毕竟孩子是一个有独立人格的人，这一步孩子早晚是要迈出的。安全感强的孩子，等到了青春期，不仅出现的问题较少，也可以真正完成人格独立，成为一个社会人。

面对孩子的焦虑情绪，父母不要责怪或嘲讽孩子，谩骂或嘲讽不能解决问题。父母要认同和理解孩子的情绪，让孩子深信父母是爱他的，也不会抛弃他。比如在孩子小的时候，父母要上班的时候，每次在出门前要和孩子进行交流，告诉他爸爸妈妈要上班去了，等下班回来再陪他玩。这样，孩子从很小的时候，就能逐渐适应大人的离开。

如果遇到特殊情况，比如，孩子死活不让走，大哭大闹难以停止，这种情况就要考虑是不是孩子身体不舒服、有新的需求、新环境影响或者看护者等原因。

在解决分离焦虑问题上，孩子的临时看护者是很重要的。让孩子和其看护者有较好关系，可帮助孩子减少分离所带来的焦虑和不适应行为。如果孩子不熟悉或惧怕临时看护者，就会有较强烈的情绪出现，这就需要多给孩子熟悉和认同的时间。

★ 注意培养孩子的独处能力

要缓解分离焦虑，父母应该从小就刻意培养孩子的独处能力。比如，在家里可设置一个让孩子独处的空间，在里面放置一些孩子喜欢的图书、玩具等。当孩子进入这里后，父母就和孩子说再见，让孩子单独去玩。之后，按事先与孩子约定的时间回来，这个过程可以逐渐由短变长。如果附近有熟悉的邻居或朋友也有年龄相仿的孩子，则可以在一个时间段里把几位孩子召集在一起玩，父母轮流照顾孩子。这样做的目的是为了增强孩子对永久性客体的认识，让他们知道父母是永远存在的，即使有一会或一段时间看不见，但最后还是会出现的，以减轻孩子"父母不见了"的担忧，为亲子分离做准备。

★ 寻求其他照护者的支持

对低龄的孩子，妈妈要尽量缩短与他分离的时间，回家后及时给予宝宝抚慰。当妈妈不得不离开时，一定给宝宝足够的时间来进行心理和身体的调整，比如，先陪伴宝宝，直到他心情比较放松后再离开；给宝宝一个拥抱和亲吻，告诉他妈妈需要离开一会儿，让他有足够的心理准备。妈妈要出门时，孩子依旧是哭闹不肯让她走时，爸爸或其他照护者应过来转移孩子的注意力，比如，通过和孩子一起玩玩具或给孩子变个小魔术等，转移他的注意力。

★ 加强人际交往

心理学研究表明，孩子对亲人的依恋一方面与家庭教育方式有关，另一方面与孩子成长过程中接触社会的程度有关。孩子如果平时较少接触家庭成员以外的人，较少参与外界的活动和接触外界的事物，面对陌生人、陌生的环境就更容易产生分离焦虑。所以，在入园前，父母应有意识地扩大孩子活动的空间和交往的范围，使他初步建立人与人之间的信任感和交往安全感。

延伸阅读

如何缓解幼儿入园焦虑

每年9月份，新生进入幼儿园的一个月里，几乎在所有的幼儿园门口都会发现各种在父母怀中哭闹着，不肯进入幼儿园大门的孩子，这就是典型的幼儿入园焦虑症。

对于新入园的孩子来说，幼儿园是一个完全陌生的场所，离开了与自己每天相处的亲人，整整一天要面对的是自己从不认识的小伙伴和老师，有的孩子就会表现出烦躁不安、脾气暴躁、容易哭闹、拒绝他人靠近、拒食、不爱讲话、孤僻、睡眠不踏实、做噩梦、说梦话、易惊醒、尿裤子等表现。在这种情况下，即使教师使出浑身解数，有的孩子依旧是不能适应，反而哭得更厉害，甚至出现打人、咬人、摔东西、伤害自己等行为。

对于这种情况，父母可以提前选择亲子班，有的幼儿园在刚刚入园的时候，也允许妈妈陪伴或者上半天，让孩子逐步适应；还有，可以与孩子的从小玩伴一起上幼儿园，另外孩子入园以后家长要多跟老师沟通，关注孩子在园里的表现和社会交往情况，因为孩子回家以后表现很平静，或者对幼儿园很排斥，只看这些表现还不足以了解孩子到底能不能适应入园和父母分离。

在解决孩子入园焦虑的问题上，父母要注意控制自己的情绪，不要从言语上责怪孩子，比如，"你要乖乖去上学，如果你要再不去上学，我就不喜欢你了。""你要是再哭闹，我就把你扔在幼儿园，再也不接你回来了。"……父母越说这样的话，孩子反而越是害怕，加重了焦虑。父母不要阻止他的焦虑情绪，要让他接受这些情绪，告诉他不用担心，什么时候会来接他，一定会在什么时候接他。

此外，在解决孩子分离焦虑问题上，父母要先检查自己是否焦虑。有一些父母对孩子过分关注和保护，干扰或限制了孩子的独立，造成孩子较强的依赖性。同时，当孩子离开自己视线时，父母就感到焦虑，总想看看孩子是否安全或者愉快，这也会加剧孩子的焦虑反应。

另外，当尝试离开孩子时，母亲还不能表现出犹豫和内疚，否则你的焦虑会直接传递给孩子。有少数幼儿，由于父母的一时不忍心而"三天打鱼，两天晒网"，导致每次来园都哭闹不止，形成恶性循环。所以父母应坚持每天送幼儿入园，帮助幼儿尽快融入集体生活。

孩子在家的生活习惯、作息制度，以及独立的生活能力，也会影响孩子的分离焦虑。孩子对父母的依恋，在很大程度上是由于父母能满足他们生活的需要，使他逐渐产生依恋父母的情感。所以在入园前，父母应给予孩子生活技能上的指导，以减轻孩子心理负担，适应新的环境，缓解分离焦虑。

最后，建议父母要在孩子秩序敏感期里，给孩子制定一个规律的作息时间，协助孩子建立规则意识，尽可能让孩子在2.5～3岁入幼儿园，因为这正是孩子社交敏感期的开始，其心理需求与其他孩子的交往。其实，正常的孩子渴望一个像幼儿园这样的公共场所。对于2.5岁以下的孩子，若条件允许，建议送到正规的早教中心。"如果孩子在受孕、妊娠、出生和出生后这一时期，我们能够采取科学的方法，在3岁时，他就会发展成为一个正常的人。"

4

理解孩子，顺势应对孩子的叛逆期

当孩子敏感性的正常表现受到阻碍时，孩子可能会通过某种激烈的反应表现出来。这是孩子的一种无意识的绝望表现，我们称它为"发脾气"。实际上，它是孩子的内在需要没有得到满足而产生的空虚感与紧张感。孩子心理上的这种紧张感，既是孩子心理困惑的一种表现，也是孩子自我保护的一种体现。

　　成人不应该漠视孩子的心理发展，应该从一开始就去帮助他们。这种帮助并非是为了塑造孩子，而是观察孩子心灵发展的外在表现，为孩子的心灵成长提供支持，因为这种支持只靠孩子自己是无法完成的。

　　父母需要系统地研究自我，使自己的内心做好准备，他们必须从一开始就研究自己的缺点与坏脾气，而不是过分关注"孩子的脾气"或者"纠正孩子的错误"。只有先清除父母自己眼中的沙粒，才能清楚地知道如何消除孩子眼中的尘埃。

——玛利亚·蒙台梭利

乖乖女缘何突然变成不可理喻的"小魔头"

林林长到 25 个月大的时候,她的性情突然变了,有时候甚至会表现得有些不可理喻,这让全家人感到很吃惊。林林最明显的变化是体现在言语上,她特别喜欢和大人说"不",有段时间更会在每句话前面都加上"不"字。比如,家长让她睡觉,她回答"不睡觉";家长让她吃饭,她的回答肯定是"不吃"。有一次妈妈逗她说:"林林,给妈妈背一首'锄禾日当午'吧!"林林立刻回应说:"我不要锄禾日当午,不要汗滴禾下土……"

之后,林林的叛逆逐步升级,从语言发展到行动上,比如,她将自己的玩具丢得满屋都是,当大人帮着她收拾好的时候,林林还会再一次将玩具丢在原来的位置……在叛逆高潮期,她甚至懂得采用威胁策略,稍有不顺,就会大哭大闹。

林林的这种表现,其实是一种正常的状态,表明她已经进入了叛逆期。在我看来,林林的确是很正常,她还没有被父母击垮,还知道反抗或者叛逆,引导她正常化发展的内在天赋力量还在,她的本性还没有被埋藏起来。父母必须记住,孩子的这些防御性的反应和不良行为,表明孩子心理的正常发展遇到了障碍,只有排除这些障碍他才能获得完全的自由成长。

孩子在2岁左右自我意识开始变得强烈,出现人生第一个叛逆期。叛逆期是孩子成长过程中的过渡期,是孩子自我意识、自我力量的觉醒,孩子在此阶段独立意识开始形成,希望建立自我认同,希望摆脱对父母的依赖,表现出自己的独立和与众不同。

处于"叛逆期"中的孩子,在大人眼里最明显的表现就是"不听话",最喜欢做的事情就是在大人的指令前加个"不"字来回应,让他们往东,他们偏要往西。大人越希望他们做什么事情,他们就偏偏不去做。这是因为随着年龄以及阅历的增长,孩子的自我意识越来越强,开始变得逐渐有自己的主见,而且特别喜欢违背大人的意愿做出一些相反的事情。

"叛逆期"不是自然现象,而是人为造成的一种病态。孩子叛逆是孩子在告诉身边的大人,"你们都错了!"叛逆期是孩子进入成人世界前寻求独立的现象,是生命成长过程中一种正常的现象,不让他有这种叛逆,就等于是在阻挡孩子长大。一个"正常化"发展的孩子不会有叛逆期，造成孩子不正常或叛逆的罪魁祸首就是父母自己。父母要做的不是控制和压制，应是跟随孩子的成长节奏做适当的指引。

叛逆期的孩子往往以做出和父母相反的对抗性的行为为乐事，孩子感觉自己已经长大了，任何事情都要自己去做主，特别不喜欢受到别人的约束。在感情上，叛逆期的孩子会表现得特别敏感，有时候还会显得变化无常，他们的行为总是在两个极端徘徊"要或者不要，行或者不行"。

中国有句俗话叫"七岁八岁狗都嫌"，说的就是叛逆期的孩子。不少大人也有体会，孩子长到一定的年龄，要么变得四处惹事，搞得家里不得安宁，要么变得任性固执不听话，这是叛逆期带来的直观感受。个体心理学的研究发现，一个人在成长的过程中会有3个明显的叛逆期，第一个叛逆期多出现2～3岁，可称作"幼儿叛逆期"，心理学上称之为"自主与羞愧或自我怀疑阶段"。孩子长到8～9岁时，会出现人生的第2个叛逆期，称为"叛逆期"；到了12～18岁，在从小学步入初高中的阶段时，会出现人生的第3个叛逆期，也是大家熟知的"青春叛逆期"。

现在，幼儿叛逆期有提前的趋势，有些孩子在长到12个月大的时候就出现逆反行为，一方面是因为孩子越来越聪明，另一方面是父母育儿越来越谨小慎微，容易"放纵"孩子，最主要的原因还是父母不了解孩子成长的秘密，不知道如何顺应孩子成长的自然规律，或者说父母跟不上孩子发展的节奏，总是自以为是地用现有的经验与过时的知识管教处于发展中的孩子。

从家庭教育的角度来说，第3个叛逆期可能最令家长"头疼"，因为这时期孩子心理和身体逐渐发育成熟，家长通过简单的说教，很难让孩子信服。英国研究人员调查发现，约67%儿女双全的父母认为，10多岁的女儿最难对付；63%的父母认为女儿到了14岁变得捉摸不透、喜怒无常。78%的家长反映，男孩到15岁时情绪起伏较大。

相比较而言，"幼儿叛逆期"最容易度过。2～3岁时，进入了孩子自我意识发展的萌芽期，他们变得独立，开始快速地学习说话和走路，他们渴望独自探索外面的世界，以显示自己的能力。这时，孩子从意识上开始与父母分离，在这个过程中，孩子开始形成自己的想法和态度。作为父母必须读懂并接纳这种变化，创造适宜的环境应对孩子的发展需求（有时候还需要鼓励），以便孩子依据内在需求自己尝试做事。

在幼儿叛逆期，孩子的行为通常表现为：拒绝父母的要求；喜欢和父母"唱反调"；不愿意理睬父母，也不喜欢和大人待在一起；不要父母搂抱，不和父母亲热。这一切就是在告诉父母：请你们读懂我吧！

对于孩子在第1个叛逆期所表现出来的种种行为，不少家长多采取"纵容"的态度，认为孩子年龄还小，这种行为也属于暂时的，不会对未来产生影响。而家长的这种妥协态度，反而会进一步强化孩子的逆反行为。其实，这一时期孩子的叛逆行为有时候只是想得到别人的关注。这也说明，这个阶段的孩子需要父母给予更多的爱和关注。由于缺乏一定的语言表达能力，孩子在和同伴的交往过程中往往会采取一些在成人看来不妥当的行为，如争抢、推倒别人的积木等。其实，这时他想表达的意思是"我想和你一起玩"。有时，孩子歇斯底里地发脾气，和大人对着干，那是他们内心的需要未得到满足而产生的一种宣泄方式。若孩子的需求是正当、合理的，大人应予以满足。

★ 应对孩子的幼儿叛逆期，大人可采取的方法

☆ 理解孩子的发展需求

陶行知先生说："我们必须变成小孩子，才配做小孩子的先生。"虽然这一时期孩子表现出不愿意和父母亲近，但他们内心非常渴望得到大人的关心。因此，在这一时期父母更要多抽出一些时间和孩子相处，充分尊重和理解孩子要自己尝试认识新事物的需求，给孩子一定的独立空间，尽量多提供一些帮助孩子成长的相关条件，让孩子的需求得到适当的满足。如果在这一阶段对孩子进行过多的限制和批评，就会导致孩子产生自我怀疑。超出孩子能力范围的苛刻要求，更会压抑孩子掌握新技能的能力。

根据心理学家皮亚杰的发现，在儿童期，由于他们不能协调自己与客体的关系，加上缺乏经验和知识，在思维时总是把注意力集中在自己的愿望、需要、动作上，形成了特有的儿童思维的自我中心性。其表现主要有：一是儿童以为世界是为我而存在，一切都围拢着自我运转。例如，儿童认为自己

走路月亮就跟着自己走。二是孩子不能从他人的角度思考问题。比如，问某一男孩："你有兄弟吗？"男孩回答："有。"如果再问："你兄弟有兄弟吗？"孩子的回答可能是："没有。"儿童思维的自我中心性是幼年儿童的一种普遍心理特点。单纯的知识传授也不能消除自我中心，只有在活动中儿童不断地协调自己与外界的关系，才能逐步解除自我中心。

应对孩子的叛逆期，父母要少问多观察，少批评多引导，少些急躁多些耐心，尝试与孩子耐心地沟通，以了解孩子真实的想法。要进入孩子的内心世界，并努力理解和认可孩子的观点，要对孩子充满好奇心，在了解孩子心理和生理特点的基础上做理性的亲子沟通，从说话的语气、尊重的方式、事情的选择等方面充分尊重孩子的意见，而不要试图让孩子适应你的价值观、希望或梦想。这一时期最忌讳不理解孩子的感受，依旧是以父母的家长权威压制孩子的个性发展。

在这个阶段，拥有充足安全感的孩子更可能成功发展出自主性。来自父母的接纳和认同能增加孩子的内在安全感，但有一些父母总是否定孩子，认为他们什么都做不好，唠叨的时间久了，孩子就会厌烦，甚至产生逆反的心理。如果父母能少说多观察，多倾听孩子，他们与孩子之间70%的问题很可能都会消失。因为父母说的太多，就是在干扰孩子的正常化成长，孩子最后对他们的话就变得充耳不闻了。

唠叨，某种程度上是一种不信任和带有指责的表现，是父母不善于控制自己的情绪，将自己的期望和不满情绪发泄到孩子身上。长此以往，父母的不自信就传递给孩子，他们会承受巨大心理压力，严重的会使孩子产生不自信。孩子不是父母的附属品，唠叨不仅伤害亲子关系，也使父母的焦虑和压力延伸到孩子身上。如果父母还像小时候那样管教孩子，只能加深亲子关系的裂痕。于是，本来应该成为避风港的家，在孩子眼里反成为"风暴"中心，感受不到家庭的关爱和温暖。等到了青春期，孩子会发生"出走"现象。所以，父母尽量控制自己闭住嘴，不要唠叨孩子。

☆ 对一些违反原则的行为要进行干涉

对于0~6岁的孩子，管教孩子的三点黄金法则：不伤害自己、不打扰他人、不破坏环境。这也是"地球人"都应该遵守的基本规则。不伤害自己是

最基本的，先明确不可以伤害自己，孩子才能学会守住自己的底线，保护自己。只有有了不伤害自己的体验，才知道如何尊重别人，这是遵守社会道德的基础。让孩子明确底线，然后守住自己的底线，再尊重别人的底线。遵守规则的生活会保证孩子在秩序中成长，让孩子自己判断是非善恶，自发地建立良好的秩序与和谐的氛围，这也就是教育家们倡导的"规则内化"。

处于叛逆期的孩子在挑战规则时，也在不断追求规则。倘若规则被打乱，孩子自身也会感到缺少安全感。父母在和孩子制定规则时要慎重、科学，最好能够让孩子也参与进来，规则一旦制定，就必须遵守。

当孩子因为不遵守规则用哭来表示反抗时，大人要学会坚定而温柔地予以制止，也可以采取"冷处理"的态度，等待孩子安静下来。"冷处理"也是一种教育方式，孩子自身是在发展的，他们的独立意识越来越强，他们对待事物有自己的想法，而且不愿意大人有过多的规则约束自己，父母和老师可以在安全的情况下，放手让孩子按照自己的想法去处理事情，让他们自己去体验解决问题的过程。

☆ 要求孩子时，让孩子做选择题

在和孩子沟通的时候，父母不要总是命令的口气，可以采取商量的态度。比如，在要孩子做某件事情之前，用大人和孩子都能接受的方式，给孩子一个有限制的选择。比如吃饭，可以问孩子想吃青菜还是白菜；当孩子晚上不愿意上床睡觉时，可以问孩子是现在上床睡觉还是再等5分钟睡觉……当然，有的孩子可能会给出更多的答案，这时候父母就可以明确地告诉他，这不是选择范围内的，然后严肃地重复一遍自己的命题。

其实，很多时候小孩子也不想给家长太多的冲撞，一般此时他会根据给定范围来选择的。温柔而坚定是不错的处理方式，这样做一方面可以给孩子很好的引导，另一方面孩子也会感觉父母很尊重自己。一旦孩子发展出了充足的独立能力和内在的安全感，也就会逐渐发展出进取心。

☆ 安静对待孩子的负面情绪

孩子需要鼓励，只有在他们感觉更好的时候才能做得更好。当孩子在学习或者生活中遇到困难，或心情低落、委屈的时候，父母要体谅孩子，不要

"火上浇油"再用一些负面言语或行动刺激孩子。面对孩子遇到的难题，父母应该做的是帮孩子分析原因找出问题的症结，并通过鼓励指导，让孩子克服困难，进而增加自信。鼓励是一种肯定，就是向孩子表明他们足够好。此外，还要让孩子参与建立一个有助于扭转他们坏心情的"独立小空间"，这里的布置可以包括音乐、玩具、书籍等，是属于孩子自己的空间。

☆ 正确引导孩子的"口吃"现象

2~3岁的孩子在认识能力方面有了明显的提高，大脑中也储存了很多知识，于是他们急于用语言表达出来。而这一时期，孩子的口语表达能力有限，有时候难以流利地说出自己内心的想法，就会出现"口吃"的现象。这时候，如果大人产生急躁的情绪，过多地指责孩子，或者表达不满，就会加剧孩子的心理负担，导致孩子的口吃越来越严重。

要避免上述现象，父母就要做好顺势引导工作，要明白口吃是孩子发展到一定年龄段就会出现的正常现象，在和孩子说话的时候放慢语速，教孩子用手势等肢体语言来辅助表达，问题就会慢慢得到解决。

> 延伸阅读

孩子的思维不是成人思维的微缩版

皮亚杰的认知发展理论被视为当今"认知发展阶段理论"的先驱。皮亚杰告诉我们，孩子的思维并不是成人思维的微缩版，了解孩子如何思考可以帮助父母和老师理解并且教导他们。

☆ 皮亚杰将儿童的认知发展过程划分为四个阶段

这四个阶段是每个人都会经历的，并且每一个阶段有质的差异。皮亚杰指出，儿童心理发展可分为几个具有质的差异的连续阶段，各个阶段的先后顺序恒定不变。认识结构的发展是一个连续的建构过程，每一阶段都是前面阶段的发展，又为下一阶段发展打下基础，发展阶段不是截然划分式的，而是具有一定程度的交叉重叠，每个阶段都有一个准备期与完成期。

第一阶段：感知运算阶段（感觉动作期，0~2岁）。这个阶段孩子的主要认知结构是感知运动图式，孩子借助这种图式可以协调感知输入和动作反应，从而依靠动作去适应环境。通过这一阶段，孩子从一个仅仅具有反射行为的个体，逐渐发展成为对其日常生活环境有初步了解的问题解决者。这一阶段孩子还获得了客体永恒性（9~12个月），客体永恒性是指孩子理解了物体是作为独立实体而存在的。

第二阶段：前运算阶段（前运算思维期，2~7岁）。在这一阶段，孩子将感知动作内化为表象，建立了符号功能，可凭借心理符号（主要是表象）进行思维，从而使思维有了质的飞跃。

这一阶段孩子认知发展的主要特征表现为：（1）出现了语词或其他符号，

开始出现表象和形象图式;(2)孩子的概念是具体的、动作的,而非抽象的,思维具有不可逆性,不能逆向思考事件发生的顺序或者解决问题的步骤;(3)认为外界一切事物都是有生命的——泛灵论;(4)一切以自我为中心。孩子还不能完全体会他人的感受,不能从对方的角度考虑问题,以为每个人看到世界正如他自己所看到的一样。一个有趣的例子是,这一阶段有的孩子遮住自己的眼睛就认为别人也看不到他。

第三阶段:具体运算阶段(具体运算思维期,7~11岁)。在本阶段内,孩子的认知结构由前运算阶段的表象图式演化为运算图式。具体运算思维的特点:具有守恒性、去自我中心性和可逆性。皮亚杰认为,该时期的心理操作着眼于抽象概念,属于运算性(逻辑性)的,但思维活动需要具体内容的支持。

第四阶段:形式运算阶段(从11岁开始一直发展)。这个时期,孩子思维发展到抽象逻辑推理水平。其思维形式摆脱思维内容,形式运算阶段的孩子能够摆脱现实的影响,关注假设的命题,可以对假言命题做出逻辑的和富有创造性的反应,同时孩子可以进行假设——演绎推理。

☆ 皮亚杰把孩子的道德发展分成四个阶段

第一阶段:前道德阶段(1~2岁)。孩子处于感觉运动时期,行为多与生理本能的满足有关,无任何规则意识,因而谈不上任何道德观念发展。

第二阶段:他律道德阶段(2~8岁)。孩子主要表现为以服从成人为主要特征的他律道德,故又称为服从的阶段。这一阶段又可细分为两个阶段:(1)自我中心阶段(2~5岁):这一阶段孩子处于前运算思维阶段。其特点是单向、不可逆的自我中心主义,片面强调个人存在及个人的意见和要求。(2)权威阶段(5~8岁):思维正由前运算思维向具体运算思维过渡,以表象思维为主,但仍不具备可逆性和守恒性。

因此，这一时期孩子的道德判断是以他律的、绝对的规则及对权威的绝对服从和崇拜为特征。他们了解规则对行为的作用，但不了解其意义。他们常以表面的、实际的结果来判断行为的好坏。认为服从成人就是最好的道德观念，服从成人的意志就是公正。如果违背成人的法则，不管动机如何都应该受抵罪的惩罚，而且惩罚越厉害越公平。

第三阶段：自律或合作道德阶段（8~12岁）。孩子思维已达到具有可逆性的具体运算，有了自律的萌芽，公正感不再是以"服从"为特征，而是以"平等"的观念为主要特征，逐渐代替了前一阶段服从成人权威的支配地位。意识到准则是一种保证共同利益、契约性的、自愿接受的行为准则，并表现出合作互惠的精神。开始以动机作为道德判断的依据，认为公平的行为都是好的。关于惩罚，认为只有回报的惩罚才是合理的。

第四阶段：公正道德阶段（11、12岁以后）。这时孩子的思维广度、深度及灵活性都有了质的飞跃，此时才真正到了自律阶段。这一阶段的孩子开始出现了利他主义。他们基于公正感所做出的判断已经不再是平等基础上的法定关系，而是人与人之间的道德关系，将规则同整个社会和人类利益联系起来，形成具有人类关心和同情心的深层品质。

皮亚杰儿童认知阶段

感知运动阶段 （0~2岁）	婴儿通过直接的感觉和运动经验，来逐渐探索这个世界，理解了物体是作为独立实体而存在的，目标导向行为和象征性思维开始出现。
前运算阶段 （2~7岁）	儿童发展出表征系统，开始用符号表示人、地点和事件。语言和想象游戏是该阶段的重要表现，能使用语言表达概念，但有自我中心倾向；思想仍缺乏逻辑性。
具体运算阶段 （7~11岁）	儿童能富有逻辑地解决当前现实问题，能理解可逆性的道理；能理解守恒的道理，"自我中心"程度下降，但是仍无法进行抽象思维。
形式运算阶段 （11岁到成年期）	能够进行抽象思维，能够处理假设情景和考虑到各种可能性。

5

乐观VS悲观，父母的人生观左右孩子的安全感

在成人不尊重孩子的情况下，孩子感到他们所做的事情都是没有价值的。一位父亲可能会因为没能成功培养孩子的责任感和自我控制能力而难过，其实他或许恰恰就是破坏孩子行为责任感和自尊感的人。这个孩子的心里可能深藏着一个固执的念头，觉得自己很笨拙和没有能力。

由于成人不断地给孩子消极暗示，使他们认为自己是软弱的，他们的行动欲望必然会因此受到压抑。不仅仅如此，成人在组织活动的同时，还会不断地对他们说："你没有能力做那些事情。"有些粗暴的父母甚至会更加严厉地训斥孩子："傻瓜，你在做什么？你难道不知道自己做不了那件事情吗？"这种做法不仅是在阻碍孩子的工作，还扰乱他们行为的连续性，更是对孩子的一种羞辱。

——玛利亚·蒙台梭利

乐观还是悲观：家庭教育决定孩子的人格特质

家庭教育是孩子人生的基石，如果没有这个前提，再好的学校教育也很难弥补他缺憾的人生。孩子的性格养成、人格特质以及以后人生中的社会交往、结婚生子等人生重大事件都和家庭教育密不可分。

著名儿童心理学家阿德勒指出，由于人格结构形成于儿童期，所以要想找出人格心理问题的症结，只能从人的童年时期入手，帮助孩子形成健康的人格就变成了头等重要的事情，这也就是"教育"一词在阿德勒心目中的含义。由此我们可以看出，孩子成人后的很多心理问题都可以追溯到他们的童年，这也是主流心理学的一致观点。而这些都是学校教育所无法给予的，这也是家庭教育显得越发重要的主要原因。优秀的家庭教育和失败的家庭教育之间差距巨大，对孩子的人生影响也将必不相同。

父母是家庭乐园的创造者和塑造者，自身的身心健康水平、文化程度、期望塑造的角色类型，都对孩子的情绪发展有着深远影响。最该改变的是父母的教育理念。只有父母的教育观念发生了转变，孩子才能接受良好的家庭教育，才能终身受益。有研究显示，成人之后很多的心理问题都是由不健全的家庭教育造成的。孩子进入社会之后，不可避免地要接受多方考验，面对各个方面的压力，在这个时候，一个良好的心态将能很好地帮助孩子应对这些压力和挫折。因此，父母在采取良好教养方式的同时，还要注意培养自身积极乐观的心态，以及乐观的解释风格，通过言传身教，为孩子树立一个乐观的榜样。

乐观向上是一种稳定的人格特质，是人们在相似的情境中发展起来的一种类化期望，表现为积极的解释风格。所谓的解释风格，是指个体对成功或者失败进行原因归结时，表现出来的一种稳定倾向，与乐观对立的就是悲观。

乐观的解释风格将坏事件归因于外部的、不稳定的、具体的原因，将好事件归因于内部的、稳定的、普遍的原因；悲观解释风格将好事件归因于外部的、不稳、具体的原因，将坏事件归因于内部的、稳定的、普遍的原因。

乐观者对生活有较高的满意度，无论在何种情况下，特别是遇到困难、压力、挫折时，能够用积极的心态去面对，形成抑郁的可能性较低，对环境的适应性好，能够得到较多的社会支持，并且乐观者更可能寻求良好的健康行为，积极乐观的情绪状态能够防止和减少疾病的发生。此外，乐观向上的人往往能够在学业、职业、政治等领域取得较高的成就。

关于乐观主义者和悲观主义者的区别，有一个很古老的民间故事就能说明问题：

从前，有一位老奶奶，她有两个儿子，大儿子卖雨伞，小儿子卖布鞋。可是天一下雨，老奶奶就发愁说："唉！下雨了，我小儿子的布鞋还怎么卖呀！"天晴了，太阳出来了，老奶奶还是发愁说："唉！看这个大晴天，哪还会有人来买我大儿子的伞呀！"就这样，老奶奶一天到晚老是愁眉不展，吃不下饭，睡不好觉。

邻居见她一天天衰老下去，便对她说："老奶奶，你真是好福气呀！一到下雨天，你大儿子的雨伞就卖得特别好，天一晴，你小儿子布鞋特别畅销，这样不管天晴还是下雨，您两个儿子都有生意做，真让人羡慕呀！"老奶奶一想，也对！从此以后，老奶奶就不再发愁了，整天乐呵呵的。

这则故事说明，乐观和悲观的心理是相对的，也是可以相互转换的，只是看问题的角度不同。面对生活，既可以从乐观的方面看，也可以从悲观的方面看。从乐观的方面看，可以让人满足和快乐，从而更加积极地生活；从悲观地方面看，可以让人失望和痛苦，失掉面对生活的信心。

美国心理学家马丁·塞利格曼（Martin Seligman 1942—）发现，乐观主义和悲观主义者有三大不同的心态。

第一，乐观主义者把生活中的低谷视为一种暂时状态，不会持续很久，会好转的。他们不会觉得自己注定悲伤、沮丧、一事无成。总体来说，他们把烦恼和困难都视为成功的前奏曲，而不是彻底的失败。

第二，他们把不幸视为某种情境下的特殊现象，并不是充斥整个人生的长期又无法摆脱的命运。持有这种心态，即使真的遇到了极大的困难，他们也能很好地分析、处理，不会被击垮。

第三，他们不会马上把所有的责任都揽到自己的身上，如果经检查发现有外界的因素引起这些困难，他们也会把这些因素考虑进去。

悲观主义者与乐观主义者的上述三个特点完全相反，即永久性、普遍性和自我化。悲观主义者把每个挫折都看成自己一生中（永久性）注定要经受的过去和未来的挫折的一部分（普遍性）。把任何失误都视为自己总是把一切搞砸的又一例证（自我化）。为什么总是发生不好的事情？因为悲观主义者只认定自己无力胜任、办事不力。

实验表明，人或动物会因为不可控事件而不断遭受挫败，于是感到自己对一切都无能为力，进而丧失信心，放弃努力，陷入无助和绝望。心理学家发现，这种悲观无助的心态不仅是通过经验学到的，还可以传染，影响他人，使得其他本没有挫败经验的人也产生无助感。这个发现令心理学家相信，乐观也是可以通过学习得到的。

乐观的态度不是每个人都具备的，但是任何一个人在出生时都具备拥有乐观的条件。研究表明，婴儿情绪的发展受周围环境的影响，而且对其一生的精神发育特别重要。有人从情绪中枢发展的特点来推断，婴儿是借助交往的经验来建立情绪学习的基础。但是，由于大脑皮层发育还不成熟，语言还没有出现，所以这些经验是以非语言的形式储存在婴儿的大脑中，而且影响深刻。以后，当受到情绪刺激时，他们就会根据这些经验做出反应。因此，婴儿与成人情绪的交往以及与周围环境中人们之间情绪的交往，是积极还是消极，会对孩子以后的情绪发展产生深刻的影响。

作为父母，如果能从小就有意培养孩子待人接物的乐观态度，孩子也会慢慢地拥有乐观心态。那么，如何让孩子养成乐观的心态呢？

★ 用正面语言和孩子交流

语言是有能量的，积极的温暖的语言能让孩子变得自信、乐观，而攻击性、伤害性的语言可能毁掉孩子的一生。"良言一句三冬暖，恶语伤人六月寒"，这句出自《增广贤文》的古训告诉我们：很多时候，一句同情理解的话，就能给人很大安慰，增添勇气，即使处于寒冷的冬季也感到温暖；相反，一句不合时宜的话，就如一把利剑，刺伤人们脆弱的心灵，即使在夏季六月，也感到阵阵的严寒。无论是和大人还是孩子交流，都需要用"良言"交流，特别是对孩子更应如此。愿我们在与孩子沟通时，都能积极、真实地表达自己的爱,尽量避免语言暴力。

和孩子交流,要多使用正面的词语和句式。比如,当孩子在家里大喊大叫玩耍或者哭闹的时候,大人不说"闭嘴,别闹了"等词语,而改为"请安静一些"。当孩子将画笔扔得满桌都是时,不说"看你把桌子弄得这么脏",而说"一会儿你自己把桌子打扫干净"。

运用正面的语言交流,可能很多人一开始难以做到。一方面是习惯问题,平时要多留意练习;另一方面也的确是心态问题——我们真的要多从正面去看事情,多关注好的一面,这样语言才会容易让人接受。

★ 教给孩子反驳悲观情绪的方法

生活并不是一帆风顺的,有时候,我们心里会有悲观的声音冒出来,那么怎样反驳悲观思路呢?首先,要让孩子知道他应该积极去反驳这个悲观的声音,同时,要教给孩子辩证地看问题的能力。

当孩子能找到负面事情的积极意义,或能从不同角度去看问题时,他就有了反驳的依据。

《塞翁失马》通过一个循环往复极富戏剧性故事,阐述了祸与福的对立统一关系,揭示了"祸兮福所倚,福兮祸所伏"的道理。从哲学角度讲,这则寓言启发人们用发展的眼光辩证地去看问题:身处逆境不消沉,树立"柳暗花明"的乐观信念;身处顺境不迷醉,保持"死于安乐"的忧患意识。

在教育孩子的问题上,父母也需要用塞翁失马的心态去面对孩子的种种问题。一件事总会有利有弊,让孩子知道,凡事都有其两面性,引导孩子换个角度看问题,就可以从不好的事情中看出好的一面,这样会使孩子渐渐乐观起来。

虽然有时候坏的结果已经出现,但是如果你的孩子能把坏事情往好的方面想,那么,他乐观的心态就会慢慢被培养起来。父母要告诉孩子,生活中碰到糟糕的事情是很正常的。只要用乐观的心态去面对,把糟糕的事情往好的方面看,那么糟糕的事情也会出现转机。当然,换个角度看问题,并不是要孩子盲目乐观,而是科学地对待困难和挑战,让孩子从挫折和挑战中寻找新的突破口。只要孩子心态好,他总会找到战胜挫折的办法。

★ 允许孩子犯错

孩子也是一个独立的人,有自己的自尊、自信,他拥有自己的思想、自己的独立意志,孩子需要用自己的眼睛去看,需要用自己的双手去触碰世界、了解世界,用心去感受世界。作为父母,我们总害怕孩子犯以前自己犯过的错,但是,孩子和我们是两个独立的个体,做了同样的事情,也不一定会有同样的结果,感受也不一定相同。实际上,任何问题都不止有一种标准答案,何况人的心理活动是最复杂的。所以,我们不必要求孩子是尽善尽美的,要给孩子尝试解决问题的权力,哪怕是犯错,也是一种很有价值的体验。因为试错,才能真正成长。孩子成长的过程就是不断尝试错误、分析错误、改正错误的过程。

孩子有很多行为,他们自己都控制不了,并不是故意要和大人对着干。大人应允许孩子犯错,给孩子犯错的机会,更要陪伴孩子从失败中吸取经验。

许多父母在面对孩子犯错时,或是生气很激动,大声呵斥、怒不可遏;或者不予理睬,甚至纵容孩子犯错。不许孩子"犯错误",本质上就是剥夺了孩子自我成长的自由。这样会出现两种结果:孩子有可能"听话"了,变成了事事受人操纵的"小木偶",也可能更不听话了。虽然两种表现不同,但背后的心理机制是一样的,即人的行为失去了自我把控力。

进化心理学家哈瑟尔顿(M. G. Haselton)和列托(D. Nettle)曾说过,"人类是以'犯错'的方式来适应世界的,不犯小的错误,可能就会犯更严重的错误。"面对孩子的错误,爸爸妈妈不妨保持冷静,不要急于批评,而是和孩子一起分析错误,讲清道理并明确规则。再指出如果能怎样做就更好了,最后再给点儿以后改进的小窍门。对于孩子来说,生活在批评和否定的世界中,很有可能一蹶不振,对很多事情都不愿意尝试。因此,指出错误的方式往往比对错本身更重要。

★ 对孩子的批评要得当

当大人不得已必须批评孩子的时候，要注意批评的方法。批评不当，我们就是在教给孩子自责的思维习惯。批评要准确，要具体，不要夸大，不要以偏概全，不要涉及属性。要指出具体错误，指出错误是暂时的、可以改进的，是有努力余地的。

如果是孩子自己已经很难过，知道错了，那就应该先共情、先回应孩子的情绪，表示理解当时的情况，再指出如果能怎样做，那就更好了，最后再给点以后改进的小窍门，这就足够了。我们的目的是要"建设"，不是非要"打倒"他。

★ 给孩子积极的预期

萧伯纳在他90岁寿辰时说过，"要记住，我们的行为不是受经验的影响，而是受期待的影响。"父母对孩子的期待与评价，经常会在言语及日常生活中有意无意地显现出来。在日常生活中，我们会遇到这样的父母：当孩子没有洗手就去拿东西吃的时候，马上会对他说："先去洗手，要不然手上的细菌会进入肚子里，引起感冒发烧拉肚子……"一直唠叨到孩子做了这件事情为止。父母的这种保护孩子的心理可以理解，但是这种陈述"悲观"结果带来的情绪则对孩子的成长不利。

心理学家发现，自认为是幸运的人，在实际工作或生活中的确能发现更多的机会，结果也会更走运。这里面的道理并不复杂。积极的预期会产生积极的结果，消极的预期则产生消极的结果。当人们对后果有期望或期待时，就会引发某种行为，预期可以通过自我暗示或他人暗示形成自我激励或他人激励，对激发与调动潜在的能力起到一定的作用。

所以，父母在跟孩子相处的过程中要注意自己的言行举止，注意用积极的暗示，不要用消极的命令，更不要轻易给孩子贴上失败的标签，还要帮助孩子养成良好的行为习惯，不仅要让孩子在脑海中勾画出理想的蓝图，拥有前进的动力，还要有给他规划明确清晰的目标，让他以实际行动去逐步将理想转变为现实。

★ 提供具有适度挑战性的工作而非玩具

孩子通过玩具与游戏发展感知运动能力，通过游戏了解社会规则，通过游戏学习合作。对此，我们一直持怀疑态度，难道我们给孩子的游戏还少吗？很多父母给了孩子海量的玩具、动画片、电子游戏等，但孩子却变得精力越来越不集中，越来越不正常。游戏也许是孩子最容易、最乐于接受的教育形式，但绝不是最佳的教育方式。

蒙台梭利指出，人类具有工作的倾向性，孩子是通过工作进行自主教育的。在这里所指的工作和成人的工作是有区分的，蒙台梭利所指的工作是对孩子成长"有助力、有意义的活动"，蒙台梭利认为，孩子只有通过环境获取经验才能得到完全发展，这种经验的获取过程就称为"工作"。孩子对工作表现出一种积极强烈的本能倾向，如果不经历工作，孩子的人格结构不可能得到建构，就会偏离正常的构建轨道。当孩子专注于自己选择的工作时，会表现得相当愉悦、平静和轻松，他们所有破坏性的行为，如攻击性、敌意的、消极的、颓废等行为也会消失。

这些有意义的活动能帮助孩子实现自我构建，所以他才会不断地努力工作。孩子的工作遵循"最大努力"的自然法则，他一刻也闲不下来，不停地去探索环境中的一切，重复性地做自己选择的工作，在反复尝试中，无论孩子的内在还是智能，包括孩子的注意力都在不被打扰的反复工作中逐渐建立起来。

我们日常生活中给予孩子的游戏与工作是两回事，适宜的游戏可能成为孩子的工作，但工作绝对不是纯粹的游戏。大自然赋予了孩子进行活动的身体和心智条件，就是使他们能够为自己选择有意义的工作活动，走向独立。这是爱的一种表现形式，也是孩子快乐的源泉。孩子的使命就是通过工作不断地创造并完善自我、适应环境，并通过工作与世界上万物和谐相处，最终能够服务于世界，创造和谐。所以，孩子积极主动并充满活力地工作，这是大自然对他下达的命令，他们会从内心里顺从并为之付出最大的努力。

我们成人在成为父母前，并没有获得"上岗资格证"，而且也尚未准备好去认识和接纳孩子工作的欲望。因此，当孩子有独立工作的请求时，父母并不是感到惊喜，而是拒绝，甚至试图让孩子按照自己的愿望去玩耍，比如玩具与游戏，认为这才是孩子快乐的源泉。美国心理学家，埃里克逊（Erik H. Erikson，1902—1994），把孩子对于工作和成就感的需要，描绘为"孩子迈向自我认知的第一步"，也就是孩子自我尊重的实际表现。

蒙台梭利指出，"如果孩子的活动没有任何目的，也就是说他的内心没有明确的方向，就很容易感到厌烦。如果让他们去做'没有目的的动作'时，他们就会感到可怕的心虚。"所以说，我们成人与其给孩子提供无意义的玩具和游戏，还不如给他预备适合他的环境空间，提供足够的工作活动，满足他独立工作和探索的欲望，以帮助他们心智的正常化发展。

那么，如何去为孩子准备工作和活动的材料呢？实际上，我们稍微留意一下，就可以很容易地从被孩子丢弃的玩具中找到一些线索。孩子为什么会拒绝这些玩具？是因为玩具无法使孩子接触到真实的生活，满足不了他们自我构建的内在需求。

孩子的本能就是要创建自我以适应环境，这就驱使着他们去感知成人的世界——真实的环境。所以，孩子渴望真实的东西和有意义的活动，为自己将来进入成人的世界做准备。比如，清洗桌椅、扫地洗碗、摆放或收拾桌子、擦鞋洗衣、擦镜子、做饭洗菜、泡茶倒水、刷牙洗脸、照顾动植物等日常工作，都是他们喜欢并愿意去做的。如果我们预备的环境有这些活动，并学会适当地放手给孩子独立的机会，他们的反应必定会告诉我们，这是一条正确的成长之路。

★ 良好的家庭氛围

家庭的气氛，家庭成员之间的关系，在很大程度上会影响孩子性格的形成。研究表明，孩子在牙牙学语之前，就能感觉到周围的情绪和氛围，尽管当时他还不能用语言来表达。可以预见，一个充满了敌意甚至暴力的家庭，绝对培养不出开朗乐观的孩子。

有的父母在公司受了"窝囊气"，回来便对孩子发"无名火"。这种情况特别容易打击孩子的自信和乐观，因为孩子会把父母的恼火归咎为自己的错误，但他又不知道自己错在哪儿，于是只好全盘否定自己。长久下去，容易让孩子自责、退缩，并蔓延为隐约却牢固的消极心理氛围，淹没孩子乐观的笑容。

研究发现，如果父亲脾气暴躁，总是想当家庭的主宰者，对家人、对孩子动不动就乱发脾气，这样的家庭氛围尤其对女孩的伤害更大。她们会认为男人都是家庭中的"暴君"，婚姻就是受人主宰、控制的家庭生活。如果母亲是家庭中的主宰者，整天唠叨和埋怨，就会出现相反的情况。在这样的家庭氛围中成长，女孩长大后会变得像母亲一样刻薄、挑剔；男孩则整天会处于一种防御、逃避的状态，警惕母亲对他的控制，并害怕自己被责骂。谁都不想被人指责，但是，如果一个人将逃避指责看成每日生活中的重要事项，那这一定会对他的成长造成阻碍。

家庭里面，父亲的作用无人可以替代。孩子的降生，不仅改变了家庭关系，也改变了每个人在家庭中的定位和生存法则。为人父母之后，原来只需要做个有爱、懂得浪漫的丈夫，现在不仅要做个体贴和能分担的丈夫，还要做个上得厅堂、下得厨房的"超级奶爸"。随着孩子逐渐长大，父亲对孩子的影响会越来越深刻，甚至在很多孩子的一生中，父亲要么被视为人生的楷模，要么被看成"死敌"。

对于父亲的责任，心理学家阿弗雷德·阿德勒将其概括为三个方面：妻子的好丈夫、孩子的好父亲、社会的好公民。他必须将人生的三大问题——事业、友情、爱情处理得好，还要在家庭问题上与妻子很好地合作。他应该知道妻子在家庭中的重要地位，他不应该轻视妻子的地位，而是应该与她合作。

虽然家庭中的主要收入来自父亲，但是管理家庭的责任仍然需要两个人共同承担。家庭中人人平等，父亲万万不应该将自己看成施予者，而把其他家庭成员看成接受者。如果父亲可以恰当处理人生的三大问题，他将成为家庭中的主心骨，是一个好丈夫和一个好父亲。父亲也会与人很好地相处，而且朋友众多。因为交际范围广，他将家庭融入更大的生活圈子中。他不会将自己封闭起来，也不会把自己限制在传统观念中。

除了亲子关系，夫妻关系很重要。有矛盾的夫妻总是形成对峙，看谁更疼爱孩子，看谁可以更好地控制孩子。如果父母之间这种分歧被孩子察觉，他就会巧妙地利用这种矛盾为自己得利，而这种环境中的孩子无论是上学还是将来就业都不可能具有合作精神。因为孩子首次体验的合作精神就是从父母那里得到的，如果父母不合作，孩子的合作精神也就无从谈起了。孩子还会从父母这里得到婚姻的初次印象，在不幸福的家庭中长大的孩子，他们将来会对婚姻产生不幸福感，如果以后不去特意改正自己的想法，成年后他们的婚姻也是失败的。因此，夫妻之间即便有了矛盾也不要当着孩子的面争吵。

  研究表明，家庭内高频率的剧烈争吵，会对孩子形成长期的、慢性的创伤，影响孩子情绪调控能力，导致孩子变得更脆弱。婴幼儿经常会误解事情之间的因果关系，如果看见父母经常争吵，他们可能会将争吵的原因归结到自己身上，责怪自己没有做好，不听话，担心家长不要自己了，会很害怕，缺乏安全感。家庭氛围的维护需要双方的努力，更不能动手，也不要当着孩子的面用永久性和普遍性的方式批评对方。比如，"你爸爸这一辈子都是个穷光蛋""你妈妈极度自私"等。如果在孩子面前批评配偶，请用批评特殊行为的言语而不滥用总括性、个人性的言语。比如，"当你爸爸工作太累时，他就会发点小脾气"等。另外，夫妻之间的"冷战"也会伤害孩子，因为他会感觉到这种家庭氛围不和谐。

专家支招

※ 教出乐观的孩子 ※

马丁·塞利格曼（Martin Seligman 1942—）被称为美国积极心理学之父，他用自己大量的实证研究和丰富的理论，写了一本关于育儿的书——《教出乐观的孩子》。他认为，孩子的悲观有四个来源：基因；父母的悲观；从父母或老师那里得来的悲观性批评；征服和无助感的经历。除了基因，其他三个原因都是通过后天的教育而改变的，特别是父母的悲观、父母的批评方式以及父母给孩子提供征服机会方面。因此，要想培养乐观的孩子，父母必须有意识地改变和完善自己。日常生活中父母的情绪状态是悲观还是乐观对孩子的影响最大，整天愁眉苦脸的父母养育不出积极阳光的孩子。

乐观是父母送给孩子最好的礼物，那么，如何教给孩子乐观呢？

☆ 做乐观的父母

父母如果想教孩子乐观的认知技能，首先必须要将那些技能融入自己的思维方式之中。孩子所学的乐观，一部分是从他们父母及老师那里学来的，所以，父母必须首先要做孩子的乐观榜样。父母必须有意识地改变和完善自己，让自己先成为乐观的人。父母对于生活的热爱和对生活的恐惧都具有传染性，两者都对孩子的全面发展产生深远的影响。

如果把父母比作"原件"，那么孩子就是"复制品"。爱孩子，不仅仅在于一粥一饭、一车一房，更重要的是让孩子看到父母身上的乐观和力量。在日常生活中，父母的情绪状态是悲观还是乐观对孩子的影响最大，一对整天悲观消极、愁眉苦脸的父母很难带出快乐阳光的孩子。

☆ 不断给孩子创造征服的新机会

乐观需要从小培养，而悲观是从失败的无助中习得的。所以，作为父母，要善于为孩子创造征服的机会，让孩子在征服感中体会成功的快乐并增强应对挑战的信心。对于孩子来说，现实生活中许多事情都是很难的，父母应该善于将难度很大的事情分解成多个难度适中的事情，让孩子得以一步一步完成，从而获得征服感，建立自信心。要做好这些，父母既需要耐心和智慧，又需要多学习科学的育儿知识与教育艺术。

☆ 要正确地批评孩子

孩子会经常犯错，父母、老师等成人也会经常批评孩子。孩子会听父母或老师等成年人如何批评他们，同时吸取了批评的方式。什么才是正确的批评呢？正确的批评，首先是要批评事而不是批评人，是孩子做的事情错了，而不是孩子错了，所以不要指责孩子的个性而应指责他特殊的行为；第二，批评要准确，不要夸大事件，更不要说气话，控制情绪，就事论事，不要牵涉其他；第三，要以积极地心态看待孩子的错误，再优秀的孩子也会犯错，犯了错也不意味着就是坏孩子，批评孩子是为了让他改正错误，让孩子知道错在哪里，知道如何改正，更要让孩子知道即使犯了错，父母依然爱他。

☆ 教孩子学会反驳悲观

当孩子遇到不好的事情时，特别是自己犯错、失败的时候，很容易产生悲观情绪。父母要教会孩子反驳悲观，首先要让孩子知道他应该积极去反驳这个悲观的声音。教孩子反驳的原则是，反驳必须根据事实，必须是可证实的。如果孩子的反驳是不清楚的或仅仅是空虚的正面思维，那么反驳就不会消除他的悲观。如果有这种现象发生，父母需要帮助他发展更坚定、更正确的反驳。同

时要教给孩子辩证地看问题的能力,当孩子能找到负面事件的积极意义或能从不同角度去看问题时,他就有了反驳的依据。

反驳悲观的方法:第一步要告诉自己等一下,先不要被自己即时产生的悲观想法困住;第二步是搜集证明自己不用悲观的证据;第三步是问自己还能不能从其他方面来看待这件不好的事情,并试着从多方面来看待;第四步是评估这件不好事情所可能产生的各种影响,就是对这件事情进行评估,并通过分析各种可能后想出预防和解决的方法,从而度过悲观危机。

美国通用电气公司前董事长杰克·韦尔奇(Jack Welch, 1935—)小时候有口吃的毛病,他本人当时对此深感自卑。为了不暴露自己的这一弱点,在大多数场合,他总是尽量紧闭双唇,甚至害怕与人交往。有一天,韦尔奇和同学去餐厅吃饭。他点了一份金枪鱼三明治,没想到服务员却给他端来两份。他有些奇怪地问:"我只点了一份,你怎么给我上两份?"服务员解释说:"我明明听到你点了两份金枪鱼三明治。"原来,韦尔奇在说金枪鱼三明治的时候因为紧张而说成了两份。韦尔奇尴尬万分,委屈的泪水在眼眶里打转。

回到家后,他向母亲哭诉了自己的遭遇,母亲拍拍他的小脑袋,爱抚地说:"孩子,那是因为你太聪明,所以你的嘴巴无法跟上你聪明的脑袋。"韦尔奇破涕为笑,他不再自卑。后来他发奋学习,45岁那年成为美国通用电气公司历史上最年轻的董事长和首席执行官。他在自传中说:"那是我听到过的最美妙的一句话。"为了克服口吃,刚工作时,每一次做工作报告,韦尔奇都提前练习,把讲稿背个烂熟。时间长了,说得多了,口吃就没那么可怕了。略带口吃的毛病并没有阻碍他的发展,而实际上注意到这个弱点的人大都对他产生了某种敬意,因为他竟能克服这个障碍,在商界出类拔萃。美国全国广播公司新闻部总裁迈克尔对他十分敬佩,甚至开玩笑说:"他真有力量,真有效率,我恨不得自己也口吃。"

☆ 让孩子学会与人相处

让孩子学会与人交往,将有利于孩子更好地适应新的环境,更好地走向社会,将有利于孩子豁达大度地面对人生的各种挑战。孩子将来能否积极地适应各种环境，能否协调好与他人与集体的关系，能否勇敢地担起社会责任，能否乐观地对待人生等，决定于幼儿期的生活经验积累和所接受到的教育，在幼儿阶段的教育，比传授知识重要的是培养孩子积极乐观的生活态度和提高孩子适应和交往的能力。

有较强的社交能力以及处理问题技能高的孩子常常会受人欢迎，他们无论到哪里都会比一般人较早交到新朋友，他们适应新环境的能力很强，会主动和陌生的孩子打招呼，并且能够积极参加新活动。他们也知道如何与人保持友谊，懂得合作、妥协，信任别人，也让别人信任。面对同伴间的冲突时，他们会适当地应对。

父母在协助孩子学习解决问题及社交技能之前，要注意遵循三个原则：一是不要一厢情愿地为孩子解决任何问题。当父母试图代替孩子解决问题的时候，就阻止了孩子学习所需技能的机会，并且传达给孩子的信息是：这类事情无法自己应付。这样的孩子在家会依赖父母，长大后会依赖别人。二是一旦让孩子自己解决问题，父母就不能对他的解决方式苛求。孩子最初独立尝试自己解决问题的时候，结果可能不会太好，如果父母对此过分指责，孩子可能会停止尝试。父母要采取欣赏的态度去看孩子采取的解决方式，然后帮助他检查存在的问题。三是父母要示范有弹性的问题解决策略，而不是采取武断的做法。

6

越批评，孩子越自卑

奖赏与惩罚在精神上是奴役别人所用的工具，它们只会诱使儿童勉强去做非自然的努力，因此，这些行为只会妨碍孩子们的自然发展，教育人是不应该使人屈服压力的。如果孩子必须受到处罚或者奖励才会停止偏差行为，那么孩子听话是因为怕被打或被骂，而不是自我控制的举止，这样长期下来，会养成孩子造成无赏不动、不打不听的坏习惯。如果总是使用奖励或奖惩的方法，这样的孩子除了不主动以外，也会缺乏自信，做事会害怕，因为他不知道自己做的事情是对还是不对，就更谈不上什么创新。

一个人的内在生活发展得越正常，就越能成为有个性的人，也就越能培养出顽强的意志和健全的心智。成人非常有必要为孩子提供跟他们心灵发育倾向一致的东西，这样做的目的在于：用最小的代价，展现最大的力量，使人的潜能充分发展——这就是教育的目的。

——玛利亚·蒙台梭利

不恰当的批评很可能就是在毁灭孩子

"为了孩子好"是很多父母批评孩子的理由,殊不知大多数情况下,父母根本搞不懂孩子行为背后的原因,而自以为是地定义对还是错。如果父母总是在孩子犯错时盲目地批评孩子,或者表现得暴跳如雷,孩子只会害怕遇到困难,想要避免犯错,自然很难有勇气挑战自我,逐渐地会形成固定思维模式。父母批评孩子之前,先要理解孩子的情绪和感受,侧重事情的解决和改进,避免对孩子进行人身攻击,才能更好地建立孩子的成长型思维。

尤其是对于0~6岁的孩子,他们的一切行为无所谓对与错,他们处在一个自我构建的敏感期,所作所为就是为了去体验对与错,从而达到自我成长的目的。因此,只有当孩子的行为具有破坏性时才需要被限制。也就是说,只要孩子的行为不违反"三不"规则,"不伤害自己、不打扰他人、不破坏环境",他的行为就应该被允许,父母不可以妄加矫正或批评。

"至于其他的行为,不管是怎样的行为,表现为怎样的行为方式,父母或者老师一方面要允许,另一方面还必须进行观察,这一点至关重要。"对孩子自由选择的这种保护,是科学育儿的关键所在,绝对不可以违背,否则,孩子刚刚表现出来的自发性行为,也许就会被我们扼杀了,错失了敏感期自我成长的良机。就像蒙台梭利博士所说,"更为可怕的是,我们竟然不知道扼制的后果,此时,我们也许扼杀了生命本身。所以,我们一定要避免那些抑制自发行为和任意强加的行为。"这是我们对父母的忠告。

★ 孩子自卑感的来源

自卑是一种性格上的弱点,它表现为对自己的能力、品质、运气都缺乏信心,总觉得自己处处不如人,同时伴有一些特殊情绪,比如焦虑、不安、内疚、自责、抑郁等。

中国有句俗话:"棒打出孝子,娇养忤逆儿。"意思是对孩子的教育要严格，不能娇惯，孩子犯错后要严厉惩罚。但是，对于0～6岁的幼儿来说，"奖惩无用"，惩罚起不到半点作用，只会使孩子更加不正常，严重的会造成孩子自卑。与自卑相对的是自尊和自信，而自信是孩子获得幸福的一种能力。一个人的自尊如果得不到满足，而自己也不能正确评价自己的时候，也容易产生自卑。

虽然惩罚可以减少不恰当行为的出现，然而，有时候惩罚也会产生强化的作用。惩罚是用恐惧作为刺激因素，或许能在当时解决问题，但也是对孩子的侮辱和不尊重。当孩子受到惩罚时，他们会感到愤怒或内疚。当感到内疚时，他们就会相信自己做得不好，进而产生自卑的心理。

自卑感的表现多种多样，这一点可以通过下面的例子来说明：

一对父母带着三个孩子第一次去野生动物园，当站在老虎的笼子前面时，第一个孩子吓得躲到了爸爸的身后，并且嚷嚷着要回家；第二个孩子则是一动不动地站在原处，尽管浑身哆嗦，但嘴里却不断嘟囔："我才不怕呢！"第三个孩子是紧紧盯着笼子里的老虎，并且问站在一旁的爸爸说："我能向它吐口水吗？"实际上，这三个孩子都很害怕，但表现却各异，这是由他们的人生态度决定的。

心理学家阿尔弗雷德·阿德勒认为，每个人心中都有不同程度的自卑感，因为我们都想让自己的生活变得更好一些。可是，我们并不能尽善尽美地解决遇到的所有的事情，如果我们充满信心，用简单实际的方法改变我们的生活，自卑感就会慢慢消除。每个人都不会一生总是自卑，这样会使得他的心理难以承受，所以必须找到合理的解决办法予以纾解。

研究表明，经常受到惩罚的孩子，自尊会受损，内心会变得自卑，行为上也会发生变化，要么变得极其叛逆，要么变得因恐惧而顺从。比如，对于经常因为闯祸而受到责罚的孩子，如果说谎能够帮助他免于惩罚，他就可能学会说谎。自卑感的加重会导致孩子出现社交障碍和学习上的退步。

在不少家庭中，父亲常常充当着惩罚孩子的角色，这是很不幸的，因为这无疑给孩子传达了一种思想：母亲的柔弱根本不能教育好孩子，必须依靠父亲的力量才能让孩子"改邪归正"。如果母亲常常对孩子这样讲："你等着吧！看你父亲回来之后怎么收拾你。"这就在无意中告诉孩子：男子才是家庭中的统治者，才是生活中的主宰者。同时这会使得孩子和父亲之间的关系变得紧张，孩子会因为害怕父亲而不与他沟通交流。母亲在这期间也不会给孩子留下好的印象，因为这样做母亲并不能从根本上消除怒火，孩子也仍然会对母亲"召集救兵"的行为感到反感。

阿尔弗雷德·阿德勒发现，相比自卑感得分高的成人，得分低的成人倾向于更加成功和自信，也更可能坚持努力去实现他们的目标。一项对美国大学生的研究显示，相比自卑感得分低或高的个体，得分中等的个体拥有更高的学分。

孩子到底能不能批评？当然可以。怕批评是人之常情，也正因为孩子怕批评，批评的教育意义才有得以实现的可能。但批评孩子既是一种手段，也是一门艺术，运用得好会"事半功倍"，运用不好则适得其反。

日常生活中，有的父母对待孩子的错误或者过失动辄采取辱骂、讽刺甚至体罚等极端措施，希望通过这种"切肤之痛"让孩子吸取教训。这些极端做法，不仅容易导致孩子心生怨恨，滋生逆反心理，还不利于孩子的身心健康，甚至可能酿成悲剧。

★ 批评孩子，父母要避免极端做法

☆ 严厉苛责，全盘否定

有的父母"恨铁不成钢"，对孩子的期望值过高，自己不一定能做到，却要孩子来完成，超出了孩子身心承受能力。一旦孩子达不到父母的心理预期时，父母便采取"狂风暴雨"式的家法伺候，轻者训斥，重则体罚，全盘否定孩子的努力。如果孩子长期处于这种缺少理解、关爱的家庭环境中，会使其自尊心、自信心受损，产生自我怀疑，甚至否定自己的能力和水平，悲观、自卑，产生"自我无能感"。

如果大人长期打击孩子的自尊心，导致孩子低自尊，会让他们陷入一种无法摆脱失败的恶性循环之中。

低自尊的孩子在考试前会有焦虑感，他们认为自己会把考试考砸，同时也不会像高自尊孩子那样去努力。结果，他们确实考得很差，从而验证了自己的消极看法。相反，高自尊孩子对考试有积极的预期，这就导致了他们焦虑感降低和学习动机更强，因此考得也就更好。正如阿德勒所言："人的潜力是没有局限的，更不是天生注定的，只要肯去挖掘，每个人都有成功和飞跃的机会。"

☆ 常常和别人比较

孩子的身心发展具有不均衡性，每个孩子心理和生理的特征具有个别差异。每个孩子都是独一无二的，他们的个性特点是不同的，各有自己创造性的精神，即使是处于同一个年龄段的孩子，其身心发展水平也不是完全相同的。就如"世上没有完全相同的两片树叶"一样，世上也没有身心发育完全相同的两个孩子。

在不少父母眼里，有一种孩子叫"别人家的孩子"，他们总是拥有自家孩子所没有的优点。当自己的孩子犯错或没有达到自己的期望时，父母便在批评孩子时总喜欢进行比较，强调孩子的缺点和不足，"你看某某家的孩子，和你一样大，围棋都考到一段了""你再不努力，你班最后一名的位置就是你的了"……

孩子的成长经历、知识基础、学习态度和方法、家庭学习环境、学校学习氛围、老师授课方式等都有差异，随意比较两个孩子的成绩孰优孰劣不仅说服力不强，还容易让孩子反感和情绪沮丧，心理不平衡。同时，随意比较会让暂时处于劣势的孩子心中形成挫败感，甚至产生妒忌心。有些原本很自信的孩子，就是因为考试不理想时被频繁跟别人比，最后孩子对学习和考试都变得不自信，情绪烦躁，形成焦虑症状。

不同的个体具有不同的成长节奏，每一个孩子都是独一无二的，他们的心理发展所面临的问题也是千差万别的。因此，家庭教育必须尊重孩子的个体差异，应根据每个孩子的心理特点进行个别教育。好的教育应该顺应孩子天性的教育，满足他们内在的需求，发挥他们潜藏的能量，尊重每一个孩子的个性差异，让孩子拥有一个快乐的人生。

对一些在孩子教育领域成功人士的盖洛普调查发现，有天赋的孩子的父母从不把自己的学习优势强加给孩子。他们会顺着孩子的需求去做，他们特别注重孩子自己选择的权利，并给孩子非常多的鼓励，而不是给予正规的学习指导。

父母如果真的想要通过比较去引导孩子取得进步，可以让孩子学会跟昨天的自己来比较，注重孩子在学习过程中的进步，而不是只看结果，当孩子做出某个动作得到大人的表扬时，孩子慢慢就知道怎么做是对的，良性循环之下，进步会越来越明显。

☆ 不懂得尊重和理解孩子

每个孩子都有自尊心，那些内向要强的孩子尤为强烈。人人都渴望被理解，大人希望孩子理解他们，孩子也渴望得到大人的理解和尊重。而有些批评不但不会导致理解，反而事与愿违或适得其反。面对大人直截了当的批评，孩子更多的是气愤和不服，认为他们"把事情说得严重了"。

"事情并不是那样的！"在这种情绪中，他们往往认为大人是"鸡蛋里挑骨头"，或者抱怨他们的褊狭："为什么只看着我的不是，我做的好事怎么就忘记了？"或抱怨他们不留情面："为什么老师当着那么多人的面批评我？太不给人留面子了！""父母（老师）也不一定总是正确的！"对此，他们也会辩解、据理力争，表现出反抗、不服气。

☆ 对孩子缺少支持与同理心

孩子犯错以后，一般处于情绪低落、紧张甚至害怕的心理状态，希望得到父母的理解和原谅。但有些父母不是从孩子的角度理解孩子，而是急于批评教育孩子，忽视了批评的场合和措辞，在孩子同伴面前或是外人在场的情况下激烈批评孩子会严重地伤害他的自尊心。事后，很多父母忽略了对孩子的安抚和情感疏导，让孩子感觉自己是孤立的、缺少理解的，长此以往，容易导致亲子关系的疏离。

我们都知道，孩子在自我感觉良好时，才能做得更好，可是大多数父母的做法却大相径庭。正如正面管教创始人简·尼尔森（Jane Nelsen）博士所言，"人们究竟是多么荒唐可笑：明明是想让孩子更好，可总是先让孩子感觉他自己多糟。"

★ 如何正确运用批评的手段教育孩子

父母在家庭教育中运用批评的艺术，应注意以下几个方面：

☆ 批评要及时，不能算总账

当孩子出现错误时，父母及时批评教育的效果要远远超过事后批评孩子的效果。不要说什么"等你爸爸（妈妈）回来时，让他教训你"之类的话延误教育时机。在具体的活动情境中，孩子在父母的帮助下，能够明确自己错在哪里，怎样才是正确的，从而获得正确的认知，规范自身的行为。"秋后算账"的方式应尽量避免。孩子的注意力容易分散，归纳总结能力还没有形成，父母的"算总账"只能让孩子淹没在批评的话语和消极的情绪中，而不能明确意识到自身的错误，不利于问题行为的改正和健康人格的培养。

☆ 批评要有理有据、言简意赅

父母和孩子在人格上是平等的。如果教育孩子时只关注孩子的需求，而忽略了大人的需要，就不是互相尊重。这种养育会造成孩子对父母的依赖以及缺乏勇气等弊端。如果只关注大人的需要，而忽略了孩子的需求，也不是互相尊重，这容易导致孩子愤怒、屈从和叛逆。

批评时，如果不分青红皂白，乱加指责，必然造成孩子心理上的抵触。这不是孩子的自尊心和感情脆弱的问题，而是违背孩子的天性，这样的批评无济于事，是对孩子自信心的摧残。反之，如果设法让孩子自己发现错误，他一定会自觉主动地改正错误。认识错误与自我反省比改正错误更重要。

批评孩子一定要客观，实事求是，就事论事。告诉孩子他犯了怎样的错误，帮他分析犯错误的原因，所犯错误会带来怎样的后果，父母的感受如何等，千万不要夸大孩子的错误，比如，孩子有几次把房间弄得很乱，批评孩子时就不能说孩子"总是"把屋子弄得很乱。

孩子犯了错是有很多原因的，有可能是无心的，也可能是因为态度造成的，父母不要一味地认为是孩子的错，一味地对孩子进行批评，要多观察少发问，听听孩子的话，鼓励孩子说真话，允许孩子为自己辩解。即使孩子是在撒谎、狡辩，父母也要尊重孩子的"申诉权"，耐心听孩子讲完。对犯错误的孩子，父母还应分析其行为动机，看是好心办坏事，还是无心之失，或是存心捣乱。

☆ 批评要注意分寸，不要乱给孩子"贴标签"

"打人不打脸，骂人不揭短。"当孩子有了过错之后，父母的批评应对事不对人，批评的是孩子的不良行为，不要伤害孩子自尊。父母在指导孩子时要谨慎小心，用积极文明的语言比用消极、粗鲁的语言效果好。

当孩子犯错时，如果孩子的所作所为是错误的，那么告诉他怎么做才是正确的，你希望孩子怎么做，这样孩子以后才不会再犯同样的错误。每个孩子都具有足够的自省能力，只要为人父母者有足够的耐心，孩子犯过的错、经历的挫折，都能成为十分宝贵的成长体验。

批评孩子最重要的是要解释给孩子听，让孩子明白自己错在哪，而不是简单地发泄大人不满的情绪。批评的目的不是打击孩子。所以批评孩子时，只针对孩子的行为，就事论事，不贴标签。在帮助孩子的过程中，切忌东拉西扯，把孩子以前犯过的错误都拿出来批评，避免"祸从口出"，更不要轻易给孩子下结论，贴负面标签。

"贴标签"是心理学中的一个术语，也叫贴标签效应、心理暗示。贴标签效应有一个很经典的案例：

在第二次世界大战期间，当战争进行到关键时刻的时候，美国发现他们面临着士兵越来越缺乏的局面，于是有人建议把监狱里的犯人组织到战斗前线。这一建议最终被采纳了，在上战场之前，美国特派了一队心理学专家对犯人进行战前的训练和动员。训练期间，这些心理学家要求所有参战的犯人每星期都要给自己的家人写一封信。信的内容由心理学家统一拟定，就是专门向家人讲述他们在监狱里如何表现积极，如何领悟到对过去的忏悔，以及对未来生活的向往。专家们要求犯人们认真抄写后寄给自己最亲近的人。经过一段时间的训练后，这些囚犯开始统一奔赴前线，心理学家继续跟随指导。在战场上，他们要这批犯人继续给亲人写信，信的内容变成了写他们是如何勇敢杀敌、捍卫和平等。这样做的结果是，这批犯人在战争中表现积极，冲锋陷阵，奋力拼搏，即使与正规军相比也毫不逊色。心理学家把这一现象称为"贴标签效应"。

这一心理学效应对幼儿教育同样重要，比如，要是大人总是说孩子"磨蹭""拖延""太笨"等，时间长了，孩子可能真的就变成了这个样子，因为他们的内心已经认同了这种角色。相反，如果父母经常用"努力""刻苦""勇敢"等正面词语评价孩子，更有助于其正向成长。这也给家庭教育提出了警示：少用负面的词语评价孩子，不要因孩子成绩差，就说孩子笨，因为孩子没有按时起床就说孩子懒。

☆ 批评要选择恰当的时机

批评孩子前，父母要冷静下来，只有强迫自己冷静，才能对孩子犯的错误做出正确的判断，找出有利于解决问题的方法。对偶尔犯错误的孩子，不要随意发火，更不能在公众场合当面大声训斥。当众批评孩子容易伤孩子的自尊心，孩子有可能碍于面子拒绝接受，产生敌对情绪。父母应在没有外人在场的情况下，对孩子进行善意的批评，帮助孩子寻找改进的措施。与孩子单独交流，他会首先体会到来自父母的接纳和包容，感到大人在尊重他，使得批评取得较好的效果。和孩子交流时要就事论事，不"上纲上线"，更不能随意贬低孩子的品质和能力。

当然，对于孩子在外的无礼行为，父母也不可过分纵容，放任不管。这会让孩子变本加厉，不断试探父母的底线，一次比一次更加"出格"。

在教育孩子的时候，不但要注意场合，还要选择合适的时间。一般不宜在早晨孩子刚起床时、晚上临睡前及进餐前批评孩子。一日之计在于晨，早晨批评孩子，会使他们一天的情绪不佳，不利于学习和活动。很多父母平时不抽时间陪孩子，只有吃饭时专心面对孩子，看到孩子有什么问题，或者突然想到孩子有什么问题，就开始批评教育孩子。进餐时批评孩子，不仅会影响孩子的食欲和消化吸收，更不利于孩子的身心健康。临睡前也不宜批评孩子，否则，会使孩子在心神不安的状态下入睡，导致夜间多梦，影响孩子的睡眠质量。

此外，父母在酒后、心情烦闷、工作不顺心或健康状态不佳的情况下，尽量不要批评孩子。因为这些状态下的父母往往会出现批评不当的现象，如言语过激、动手打孩子等，易引起孩子的不满和对立。

☆ 选择合适的批评方式

批评的方式有很多种，如明示、暗示、提醒式、商讨式、开导式、表扬式、示范式等。每个孩子的个性特点不一样，产生错误的动机、性质，对待错误的态度也不一样。此外，孩子的错误还有初犯或惯犯等因素。因此，父母对孩子的批评教育不能单一化，应充分考虑各方面的因素，选择合适的批评方式。

比如，孩子任性不吃饭，大人可以把食物拿走，不允许他吃零食，并告诉他因为不好好吃饭才会挨饿，让孩子承担犯错的后果。父母还可以通过剥夺孩子的一些权利作为惩罚的手段，如让他坐在椅子上不可以到处自由走动。对于一些犯错严重或不注意改正的孩子，可以采用一些强制性的惩罚手段，如暂时隔离法，让他一个人待在房间自我反省，然后进行必要的批评教育。惩罚的方式有很多种，父母应细心选择，杜绝使用责骂、体罚等手段，应努力把惩罚的教育性提高，将副作用减至最低。

在批评孩子时，不要只怪孩子，父母应在批评孩子前先自我批评一番，如："你做错了，也不能全怪你，爸爸妈妈也有责任，只怪平时太忙，对你不够关心。"安抚自己的情绪之后再对孩子进行批评教育，这样会让孩子更容易接受批评，这样进行自我批评，还可以教会孩子以后勇于自我批评和敢于承担责任的良好品质。

☆ 给孩子心理安慰，切忌"只批评，不表扬"

孩子在受到批评后，往往会担心父母不再爱他、不再信任他，有的孩子甚至会对父母产生怨恨和反感。这就要求父母在批评完孩子后，要对他进行适当的安抚，告诉孩子，父母只是对他犯的错误感到不满意，父母仍然爱他。

父母还应认识到，孩子认识错误、改正某种不良行为或习惯需要过程，应有耐心。允许孩子重复犯错，给孩子改正错误的时间。当孩子取得进步或改正错误时，父母应立即给予鼓励和表扬，帮助孩子树立自信心和战胜错误的勇气。美国著名作家马克·吐温（Mark Twain, 1835—1910）就曾经说过："一句赞美我的话，就可以使我活上两个月。"孩子需要赞美，如万物需要阳光，这绝不是虚荣心的表现，而是渴望上进、寻求理解、支持与鼓励的表现。该表扬的时候表扬，该批评的时候恰当地批评，孩子会觉得父母是公正的，如果只批评不表扬，孩子会因你只看到他的缺点看不到他的优点而不满，从而不愿意接受批评。

过于严苛的管教，除了会导致孩子自卑外，还会引起性格孤僻，让孩子变得畏畏缩缩、态度冷漠、过分敏感，难以相信他人。当他们在生活或学习中遇到不悦，总会高估困难的程度，而不去争取他人的帮助。

☆ 拒绝暴力，父母的爱和尊重让孩子更强大

当批评升级时，会演变成肢体暴力。很多大人还坚持"棒打出孝子"的观念，喜欢在孩子不听话的时候，采取体罚的措施。体罚是对孩子的侮辱和不尊重，并且会造成伤害。当孩子受到惩罚时，他们会感到愤怒和内疚以及恐惧。当感到内疚时，他们会相信"我不好"。那些时常在暴力、威胁下成长的孩子会出现"拼或逃"的反应机制，当感到愤怒时，他们会产生"等着瞧"的想法；当感到恐惧时，他们会产生"逃离"的念头。这种好斗或逃避心理会冲击孩子的创造力与想象力，而创造力、想象力都会影响一个人的智商。

关于体罚，阿尔弗雷德·阿德勒在其经典著作《自卑与超越》中有精彩的论述："处罚，尤其是体罚，对孩子总是有害的。不能以友善的方式进行的教育便是错误的教育。非常不幸，在家庭中惩罚孩子的责任经常落在父亲头上，我们说他不幸，有几个原因：第一，它使得母亲产生一种误解，以为母亲不能真正地教育他们的子女，以为他们是需要强有力的臂膀来帮助的智障者。如果母亲告诉她的孩子：'等你爸爸回来教训你！'这就等于暗示他们：把父亲当作最后的权威。第二，它破坏了父子之间的关系，让孩子们怕父亲，而不觉得他是可亲的朋友……"

那么，为什么还有那么多的父母依旧采取体罚或者语言羞辱孩子的方式呢？那是因为他们相信惩罚管用，能起到管教的作用。惩罚为这些父母的愤怒和无助提供了一个发泄渠道。也有的父母是因为缺乏管教孩子的技巧，他们坚信孩子必须承受痛苦才会吸取教训。

当孩子认为你在生气的时候，他们的行为通常会更糟糕。管教要有效，就需要同理心和爱。你可以告诉孩子你对他的某个行为很生气，但生气地喊

叫着要惩罚孩子,却会适得其反。这两者之间有很大的不同。

比如,当孩子吃饭的时候把碗倾斜了,汤汁流了满桌子。惩罚型的父母会大声斥责孩子,甚至会随手对着孩子的脑袋就是一巴掌,"让你不长记性!"而另外一种父母则是保持平静,会找来两块抹布,递给孩子一块,并告诉他"我们一起来收拾干净"。两种结果,对孩子的影响大相径庭。

延伸阅读

正面管教的作用

美国教育家简·尼尔森是把蒙台梭利教育理念运用得淋漓尽致的教育家之一，以其"正面管教"的理论最为出名，并且受到全球很多父母的推崇。正面管教建立在个体心理学的基础之上，它提倡用有建设性和不伤害孩子的方法帮助父母建立起和善而坚定的态度，引导父母了解孩子不当行为背后的原因，从而帮助父母掌握多种问题的解决方法，积极有效地引导孩子建立良好的行为，并建立起相互尊重的亲子关系，这是一套行之有效的既不惩罚也不娇纵的管教孩子的方法。正面管教以相互尊重与合作为基础，让孩子在和善而坚定的气氛中，在孩子自我控制的基础上，发展他们的自律、责任感、合作以及解决问题的能力。

孩子需要大人的适当引导才能学会什么是可以做和不可以做的；来自大人的认可和鼓励也能帮助他自我肯定，建立安全感。

当大人用过度控制的方式来管教孩子时，孩子们依靠的是"外在的控制"，是大人始终在为孩子的行为负责。父母和老师最常使用的过度控制方式就是奖励和惩罚。在这种管教方式下，大人必须随时捕捉孩子的好表现并加以奖励，随时捕捉孩子的坏表现以予以惩罚。是谁在承担责任？显然是大人！那么，当大人不在场时又会怎样呢？孩子学不会为自己的行为主动自发负责。

☆ 有效管教的4个标准

1. 是否和善与坚定并行？（对孩子尊重和鼓励）

2. 是否有助于孩子感受到归属感和重要性？（心灵纽带）

3. 是否长期有效？（惩罚在短期有效，但有长期的负面效果）

4. 是否能教给孩子有价值的社会技能和生活技能，培养孩子的良好品格？（尊重他人、关心他人、善于解决问题、敢于承担责任、乐于贡献、愿意合作）

面对孩子的大吼大叫或者乱扔乱踢地发脾气，父母不要以同样的方式或者体罚来应对，正确的处理方式是双方避免直接接触，父母可先离开孩子，到另一个房间去。这样做的作用是，尽管你此刻不能逼迫孩子对你采取尊敬的态度，但你可以用离开的方式来展示你的态度。这样做会避免父母与孩子发生更激烈的冲突。

等孩子的情绪平稳以后，你可以和孩子心平气和地沟通："亲爱的，你生这么大的气妈妈感到很难过。我理解你的感受，也很尊重你，但你的做法让我难以接受。以后，每当你发脾气、不尊重人时，我都不会马上回应你的愤怒，我会稍微离开你几分钟。我们全家都很爱你，也喜欢和你在一起，因此当你觉得你能够做到尊重我时，就过来和我说，我们一起努力找出好方法，来帮助你解决问题，平息你的怒气。"

在现实生活中，很多父母会在孩子生气时，自己内心也会升起一股无名之火。当双方都处于气头上的时候是不适合解决问题的。人在生气的时候，通常会失去理智，不能进行理性的思考，无非两种选择：要么

"战斗"（争夺权力）要么选择"逃跑"。在生气的时候，人还会说一些"过头"的话。

为了不让局面一发而不可收，在处理问题之前，先让自己冷静下来，直到能够用理性大脑来思考时再解决问题才有意义。这也是我们应该教给孩子的一项重要技能。有时候，"决定你要做什么"要比试图让孩子去做什么好得多——至少在孩子愿意合作而不再和你较劲之前是如此。

比如，当孩子在商场里因为父母没有满足他的需要而开始哼哼唧唧或者准备发脾气时，父母可以将他们带到僻静的地方或者车里，避免在购物的过程中大发脾气。父母只需要说："你如果准备好了，我们就再继续逛下去；如果你还是要闹，我们就等你冷静下来后，马上回家。"

如果父母能够学会观察，少说多行动，他们与孩子之间75%的问题很可能都会消失，因为父母如果说得太多，孩子可能就会对你的话充耳不闻了。

在你对孩子提出要求前，要确保你们在同一个房间里。如果你能看着孩子的眼睛，并与他们有目光接触，你成功的机会会更高。

父母要懂得，读懂孩子和对孩子持友好的态度也是对孩子的尊重。

当孩子违反了规则时，父母不要急于惩罚，更不要说教，可坚定而温柔地制止，并继续以尊重的态度对待孩子。要避免由你来告诉孩子发生了什么事情以及应该怎么办，最好问一些启发性的问题："发生了什么事？你觉得原因是什么？你现在打算用什么办法来解决这个问题？你从中学到了什么能避免下次再出现同样的问题？"

这里提个醒，如果孩子习惯了父母的说教和惩罚，他可能会说："我不知道。"这时，你应该说，"你是一个很会解决问题的人。为什么不想一想呢？半小时以后我们再碰头，看看你想出了什么好办法。"

父母在表扬孩子的时候，不要笼统地夸奖孩子"你真聪明""你真棒"，要把具体的行为或事情说出来，让孩子明确知道自己到底哪里最优秀或者做得好。否则，孩子也会觉得莫名其妙，起不到表扬的目的，会让孩子无所适从，更会破坏大脑神经网络的连接，因为孩子的大脑需要精确地构建，他们需要正确的数据。

专家支招

※ 父母如何避免在孩子面前发怒 ※

情绪是会传染的，无论好坏。所以，父母的情绪不但会主导自身的行为，也会传染给孩子。美国洛杉矶大学医学院的心理学家加利·斯梅尔做过这样一个实验：他让一个性格乐观外向的人和一个每天忧愁烦闷、抑郁难解的人待在一起，不到30分钟，那个原本乐观开朗的人也变得郁郁寡欢起来。加利·斯梅尔随后又做的一系列实验表明：一般只要待在一起20分钟，一个人的坏情绪就可以传染给另外一个人；一个人的敏感性和同情心越强，也就越容易被坏情绪包围，这个过程是在不知不觉中完成的。

来自父母的情绪暴力对孩子的伤害更容易被大人忽略。还有研究发现，不少对孩子有虐待行为的父母自身就存在抑制怒气或者化解自身压力等方面的缺陷。而那些在自己童年时期就遭到父母暴力对待的孩子，在长大后其情绪控制水平比没有遭到暴力的人的水平明显降低，并且更具攻击性。

蒙台梭利博士曾经指出，在婴儿出生后的头两个月里，若遭受到痛苦、压抑或情感忽视，会影响孩子的一生。很多的研究也表明，童年期环境造成的情绪性创伤不仅会影响孩子一生发展的轨迹，而且会通过行为和"生物嵌入效应"发生代际传递，将不利影响遗传给他们的后代，甚至是好几代。

人生在世不如意事十之八九，所以，人人都会有坏脾气或有发怒的时候，但发怒总体上不会产生正能量。因此，父母在控制不住自己怒气的时候千万不要去教育孩子，因为在这种坏情绪的主导下，只能把孩子教育得更糟。

父母的怒斥，有了第一次，就会有第二次、第三次。一旦父母养成了通过"发火"来教育孩子的习惯，可能会因为一些鸡毛蒜皮的小事也要大声训斥或

第6章 越批评，孩子越自卑

者暴力体罚孩子。对于心智还未成熟的孩子来说，他们就会觉得自己总是有问题，让孩子的自尊心受到伤害。父母的怒气发泄完了，也认为自己尽到了教育的责任。看起来孩子也低着头一副知错认错的样子，好像是明白了你的良苦用心。但是，实际情况恰恰相反，孩子可能并不明白你今天发怒是为了什么，他不知道自己究竟错在哪里，更不明白你为何发这么大的火。最后，亲子关系变得越来越僵，导致孩子的性格发生扭曲，甚至可能因为经常害怕父母，泛化为害怕老师，长大后害怕自己的上级、领导。父母虽然在表面上"赢了"孩子，却没有真正地"赢得"孩子。

通常，对孩子的暴力行为是在无意识的情况下爆发出来的，有的父母在平时都能意识到打骂孩子不好，事后也承认自己不对，但就是在当时压不住怒气，对孩子拳打脚踢、恶语相加。这时候暴怒的真正原因往往被掩盖了起来。对此，法国心理学家伊莎贝拉·费利奥沙在其著作《父母心理学》中指出，父母难以控制内心的愤怒，其实是父母自身感到无能为力、无法控制局面、惊慌失措、受到攻击、被羞辱等的表现。

如何避免在孩子面前发怒并控制自己的暴力情绪，伊莎贝拉·费利奥沙给出的建议是，如果父母感到自己烦躁不安、筋疲力尽、怒火中烧，要及时意识到自己可能会出现暴力或者辱骂孩子的行为，这时候应该尽可能地远离孩子，可把孩子托付给别人照看。比如，如果父母都在场，有一方要发火的时候，两个人可以使用一个暗号。当一个人喊出"接力"的时候，另外一个人就应该马上接手。把孩子交给别人几分钟或者几个小时，就可以避免父母做出事后会让自己后悔的举动。

如果没有别的人可以照顾孩子，父母还可以采取如下措施：闭上眼睛深呼吸，想象着将身体里的"气"排出体外或者压到脊椎下端。走进卫生间，用凉水洗脸，保持呼吸畅通，脚踩在地上，想象着体内的"气"逐渐抵达骶骨位置。或者打电话找朋友倾诉一下自己的内心。

如果不是太过愤怒，还能控制自己的情绪，那就触摸孩子的身体。根据孩子的年龄，把孩子抱在怀里、放在膝上，或者双手放在他的肩膀上等。触摸孩子的目的不是为了安慰孩子，而是通过手指触摸的这种感觉，来转移自己的愤怒，平息心绪。比如，回忆和孩子的点点滴滴，比如孩子刚出生时的可爱，最近孩子的特殊表现等。然后闭上眼睛，找回对孩子的爱……如果是在马路上或者商场里，因为孩子的无理要求让自己觉得要崩溃，可以找路人或者商贩聊聊天，转移自己的注意力，这样能有效消除内心的烦躁。当然，不需要谈论自己正在经历的情况，可以谈论天气等不相干的事情。

如果父母实在没有忍住，已经对孩子采取了打骂的行为，或者以前对孩子采取过体罚措施，那么事后一定要及时修补和孩子的关系。修复过去永远为时不晚，父母要花时间去倾听孩子的感受和估计对孩子造成的伤害程度。也许你会发现自己的孩子缺乏自信心，或者退一步想，你意识到在孩子成长的某个阶段对他过于苛刻，这些都可以进行弥补。比如，通过交谈、倾听孩子的抱怨和失落，给予孩子你曾经不知道要给予的东西，比如身体的接触、爱抚、温柔的话语、鼓励、许可、保护、选择和表达反对意见的机会……让孩子知道你与他的感情是相通的，你是他值得信赖的人。

7

语言表达,
在生活的细节里练就好口才

早在父母注意之前,婴儿的感知觉就已经开始带动着心理悄悄发展了。以"说话"为例,这种发展是秘密进行的,倘若认为它没有发展,那就错了。看到孩子还没有开口说话,就认为孩子的说话能力没有发展,这种观点是错误的。还有些人虽然认为孩子天生具有说话能力,但他们的身体器官还发育得不够成熟,无法适当地表现出这种能力,这种观点也是错误的。

事实上,一个正常的婴儿,从出生起就拥有语言能力,他在其他各个方面也都存在着这样的能力。这种能力是一种创造性本能,也是一种积极的潜能,它与孩子所处的环境一起构建起孩子的精神世界。在这一点上,与生长现象密切相关的"敏感期"的发展具有特别重要的价值。

孩子在敏感期拥有一种极具创造性的本能,如果本能受到了破坏,就有可能使孩子变得软弱和缺少活力。尽管我们成人对这些不同的状态没法直接影响,但是,如果孩子在其敏感期没有按他的敏感性的指令行事,他将永远丧失这种天赋的力量。

——玛利亚·蒙台梭利

第 7 章 语言表达，在生活的细节里练就好口才

孩子的语言发展：语言掌握由量变到质变

语言赋予人类强大的力量，是人类理解和传递力量的重要工具，在人类的所有能力中，语言的发展令人惊奇。孩子掌握语言是一个从量变到质变的过程。

0~6岁孩子语言交际功能的发展大致可分为两个阶段：3岁前和3~6岁。0~3岁，是孩子学说话阶段，也是孩子口语敏感期的高峰时期。3~6岁是语音发展的飞跃阶段，已经接近掌握全部语音。

孩子从出生到10~12个月，是语言发生的准备阶段，又称为前语言阶段。尽管新生儿刚出生时听力尚未发育完善，他们仍能听到适度大小的声音并且分辨不同的音高，听觉的敏锐程度迅速发展。胎儿时期所累积的记忆的结果，让新生儿能在一开始的外界声音中认出母亲的声音，当她说话时，婴儿会转向她。同时婴儿显示出对人的声音的兴趣。他们已进入语言的敏感期，而人的声音是环境中他较喜爱的声音。

在生命前几周，我们可以借着接近他，以平静、甜蜜、温和的说话方式来停止婴儿哭泣。人类的声音能够沟通彼此的感觉，能安抚婴儿使他安静下来。当人们在婴儿听力范围内谈话时，他具有语言中枢的脑半球，即显示出清晰的脑波反应。

一般来说，婴幼儿在2个月时，能把头转向声音传来的方向。4个月时，能仔细观察大人说话的嘴形。6个月时，能重复相同的音节，10个月时，开始意识到语言的意义。12个月时，第一次出现有意识的词汇。15个月时，开始理解语言所表达的情感。18个月时，能使用代词。19个月时，词汇突然增加，能使用名词、介词、动词、形容词。2岁时，可使用句子以及不同时态和语态的动词，包括连词。从两岁开始直到五六岁，孩子开始学习许多新的单词，并且逐步完善了自己所用的语法。到6岁时，孩子的语言表达已相当准确了。

3岁以后是语言发生的阶段，又称初步掌握语言期。3岁前语言交际功能

主要是请求、回答和提问。这和3岁前孩子的独立性不够发展,其活动主要依赖成人有关。3~6岁,除了请求和问答外,还有陈述、商量、指示和命令,对事物的评价等,孩子已经能透过对语言的利用和理解,表现出他对外界和他们自己,令人印象深刻的了解程度。他们能描述周遭的事物、自己的情绪以及正确判断不同的情况,或说"不"来反对。4岁以后,孩子之间的交谈大为增加,他们会进行讨论,在游戏和其他活动的合作中协调行动。到5岁时就已经克服了语言学习中的大部分障碍。

孩子语言、动作与认知的发展

年龄	动作	语言	适应周围人物的能力与行为
新生儿	无规律、不协调;紧握拳。	能哭叫。	铃声使全身活动减少。
2月	直立及俯卧位时抬头。	发出和谐的喉音。	能微笑,有面部表情,眼睛随物转动。
3月	仰卧位变为侧卧位;用手摸东西。	咿呀发音。	头可随看到的物品或听到的声音转动180°;开始注意自己的手。
5月	扶腋下能站得直;两手可各玩一个玩具。	能喃喃地发出单词音节。	伸手取物;能辨别人声;能认识熟人和陌生人;自拉衣服;自我玩足。
6月	能独坐一会儿;用手摇玩具。	能发"爸爸""妈妈"等复音,但无意识。	能听到自己的名字;自握饼干吃。
7月	会翻身;自己独坐很久;将玩具从一只手换到另外一只手。	能发"爸爸""妈妈"等复音,但无意识。	能听到自己的名字;自握饼干吃。
8月	会爬;会自己坐起来、躺下去;会扶着栏杆站起来;会拍手。	重复大人所发简单音节。	注意观察大人的行动;开始认识物体;两手会传递玩具。
9月	试独站;会从抽屉中取出玩具。	能懂几个较为复杂的词句,如"再见"等。	看见熟人会把手伸出来要人抱;可与人合作游戏。

第7章 语言表达,在生活的细节里练就好口才

年龄	动作	语言	适应周围人物的能力与行为
10~11月	能独站片刻; 扶着椅子或推车能走几步; 拇、食指对指拿东西。	开始用单词,一个单词表示很多意义。	能模仿成人的动作; 招手、可说"再见"; 抱奶瓶自食。
12月	独走; 弯腰捡东西; 会将圆圈套在木棍上。	能叫出物品的名字,如灯、碗; 指出自己的手、眼。	对人和食物有爱憎之分; 穿衣能合作,用杯子喝水。
15月	走得好;能蹲着玩; 能叠一块方木。	能说出几个词和自己的名字。	能表示同意与不同意。
18月	能爬台阶; 有目标地扔皮球。	能认识和指出身体各部分。	会表示大小便; 懂命令; 会自己进食。
2岁	能双脚跳; 手的动作更准确; 会用勺子吃饭。	会说2~3个字构成的句子。	能完成简单的动作,如捡起地上的物品; 能表达喜、怒、害怕、懂得。
3岁	能跑; 会骑三轮车; 会洗手、洗脸; 脱穿简单衣服。	能说短歌谣,数几个数。	能认识画上的东西; 认识男、女;自称"我"; 表现出明显的自尊心、同情心、害羞。
4岁	能爬梯子; 会穿鞋。	能唱歌。	能画人像; 初步思考问题; 记忆力强、好发问
5岁	能单足跳;会系鞋带。	开始认字。	能分辨颜色;数十个数;知道物品的用途及性能。
6~7岁	参加简单劳动,如扫地、擦桌子、剪纸、泥塑等。	能讲故事; 开始写字。	能数几十个数; 可简单加减;喜独立自主。

据国家卫生健康委员会《WS/T 479-2015 0~6岁孩子健康管理技术规范》

幼儿期是书面语言发生的年龄,这时期处于前阅读阶段和前书写阶段,言语发展的主要任务是发展口头语言。在发展口头言语的同时,为孩子书面语言的发展做好准备。根据幼儿言语发展的规律和特点，在培养幼儿口语发展中，应该注意以下几个方面：

★ 激发言语交往的需求

孩子学习语言是通过自我重建而非成人直接指导，他们通过对话练习破译了语言的秘密。孩子自身对语言交往的需求越强烈，其语言能力发展也就越快。有研究发现，在大杂院里的孩子的语言能力一般都比住在独门独院、楼房里的孩子要高。原因是前者能经常接触自己的同龄人，增加了语言的交往需求，而后者相对闭塞，语言交往的需求较低。

在日常生活中，比如穿衣、吃饭、洗澡时，和孩子用简单的句子交谈是一个很好的联系方式。另外有一些语句，如果在行动时说话，如"打开开关""关灯"等，则更容易被孩子记忆。在交谈的时候，大人要适当停顿，等待孩子说出自己的"语言"，并用微笑和其他的表情表示理解，鼓励孩子表达自己的欲望。

★ 增加亲子间的交往

大人在照料孩子的过程中，要及早对孩子说话。有些人认为婴儿太小，不能说话，也不能学会说话，于是与孩子的接触多表现为照顾孩子的吃喝拉撒睡等生活起居，而很少进行语言交流。其实，从孩子出生后，父母就应该有意识地边照料孩子边对他说话。这样，能够使孩子经常有机会听到语言的声音，适应语言的节奏和声调，潜移默化地打好学习语言的基础。比如，当吃饭时，可反复说些"吃饭""好吃""饭真香"等简单的词汇，这样一来"好吃""吃饭"就和食物相结合，孩子会逐渐看到食物就说"吃饭""好吃"等。

孩子一岁以后，大人更要注意多和他进行语言交流。比如，同样抱着孩子在街头巷尾玩耍，有些父母只顾和大人聊天，把孩子当物体一般抱在怀里；而另外一些母亲则注意和孩子说话。其结果是后一种孩子言语发展较好，也比较活泼。大人在和孩子说话时，必须发音清楚，发音到位，即使和他很小声说话时，也要注意这一点。

养成对孩子言语的敏感性。敏感的父母，能够抓住孩子言语发展的良好时机。比如，孩子想说话时，和他呼应，帮助他把话说出来。当孩子能够自发地说出某个音时，成人模仿他，他就容易学会新的语音。当孩子尝试使用新词或用新的表述方式时，及时加以指导，对其言语发展也很重要。

善于倾听孩子的谈话。父母要舍得安排时间来和孩子交谈，耐心地把孩子的话听完，这样会使孩子感到温馨且放松，增加言语表述的积极性。千万不要在语言内容和形式上简单化地批评或纠正，更不允许对孩子的说话方式或者说话内容加以嘲笑。

★ 提供正确的榜样

成人的言语，不仅对孩子现在的语言发展，而且对其未来都产生潜移默化的影响。只要是正常的孩子，在语言敏感期里，他们都会表现出明显的语言学习倾向。但是，如果在孩子语言发展的敏感期里，成人没有提供给孩子准确的语言刺激，就会造成孩子的语言缺陷。比如，当孩子听到发音不完善的单词或言语时，就学得了这种错误。这些缺陷经常会持续很久，在很长过程中可能会逐渐减弱，但最终依旧会导致语言的错误。

由此可见，如果大人不注意自己的言语，给孩子提供了错误的榜样，带来的就是负面影响。

孩子对大人言语的学习，有些是即时模仿，有些是延迟模仿。大人一般能注意到孩子的即时模仿，如果有表述措施，可以提供及时的指导。延迟模仿是孩子对大人所说的话有了记忆，可能时隔好几天才会说出来，一般不容易被人发觉。因此，无论在何时何地，大人都要为孩子树立榜样。

★ 同伴之间的交往

影响孩子语言发展的重要因素，除了家庭环境外，还包括与同伴的互动游戏。为了提高孩子的语言能力，父母要创造条件让孩子走出家庭，积极地与同伴交往。这一点对于居住在楼房里的父母更为重要，很多居住在同一小区的居民，平时互不往来，学龄前的孩子除了和父母交流外，很少有机会和外人接触，这种环境状态下，是不利于孩子的语言发展的。

孩子和小伙伴交往，或游戏，或合作完成某项任务，他们会自然地用言语交往，并互相学习。同龄人之间的交流比孩子和成人的交流更有效。长期缺乏和同伴进行语言交往的孩子，往往只会说"大人话"。

★ 适时运用强化

强化在孩子学习语言的过程中是很重要的。孩子正确表达之后得到满意的反馈，就获得正强化；否则，就是负强化。强化原则常用于指导孩子学说话、练习说话和纠正不良的说话习惯。

正确适时地使用强化原则，有助于使孩子获得正确使用言语的方法。练习是孩子在学习语言过程中得到强化的过程。大人应该经常引导孩子进行言语练习，并及时给予孩子正确的引导。但是，这样的练习并不是机械地重复，否则不会引起孩子的学习兴趣，将语言学习变成枯燥的"鹦鹉学舌"。大人必须帮助孩子在理解的基础上，创造性地学习语言。比如，可以使口述与直观材料相结合，让孩子谈谈自己对练习材料是如何理解的，避免单一呆板的练习。

★ 鼓励孩子语言的创造性

对于自己不懂的词句，孩子喜欢模仿，对于根本不知道的词句，孩子一般不去模仿，而是根据自己的经验去创造。然而，孩子语言的创造性常常是与模仿相结合的。例如，有的孩子会说出"一只鱼"，是从"一只兔子"推出来的，因为，他认为兔子和鱼都是动物，从而推出同样的量词用法。由此可见，孩子是在模仿的基础上进行了创造，他把所知道的言语表达运用于新的场合了。

孩子在学习说话之初，就是在创造性的发音，一些在大人看来类似正确的发音得到了肯定，而其他的发音就被忽视了。大人往往先模仿孩子的发音、用词和表达方式，以拉近在言语上与孩子的距离，使孩子愿意与大人在发音上有所呼应，然后再是孩子模仿大人或受到强化。

由此可见，孩子在学习和使用语言中的创造性是不可低估的，大人应鼓励孩子的这种富有意义的创造。在孩子表达错误的时候不能嘲笑，认真倾听孩子说话，对孩子不恰当的语言表达方式和表达态度予以纠正和指导。

★ 不要打扰孩子的自言自语

处于语言敏感期的孩子，有时候在玩耍的时候会和自己说话。他可能会提醒一个布娃娃要安静坐在那里，等同伴过来；在玩汽车玩具时，他会和这些小汽车进行对话，告诉它们即将进行一场汽车比赛……对此，一些心理学家指出，孩子的自言自语有着重要的功能。孩子通过自言自语和自己交流，他们能够尝试想法，充当自己的回音板。自言自语能够促进孩子思维并有助于他们控制自己的行为。

★ 不要试图通过电子产品来提高孩子的语言能力

美国医生协会建议父母限制孩子接触电子媒体的时间，减少2岁以下孩子看电视的次数，并鼓励孩子参与其他替代性的娱乐活动。一项调查发现，1～3岁的孩子在有电视的环境中玩耍更容易受到干扰。

被动地接受媒体刺激并不一定有利于孩子的学习，因为孩子需要与大人进行回应性的互动以发展语言，单纯地接受来自电视或者网络视频的刺激并不能让他们学会如何交谈。他们需要的是能够互动的伙伴，能和他们谈论他们所感兴趣的事物。

★ 对"口吃"现象不要过度担忧

口吃俗称"结巴"，是一种言语流畅性障碍，表现为言语间断、重复和延长等现象。口吃现象最早可在18个月时出现，2～5岁的时候发生率最高。婴幼儿时期出现的口吃，并非真正意义上的口吃，属于暂时性的言语不流利，这主要与孩子的发育特点有关。

有时候，父母会对孩子说话时的口吃现象表示担忧。提醒孩子注意这种现象或对他提出要求，都会引起孩子的紧张，会使得情况更加糟糕。说话时，犹豫、停顿、重复后又重新开始，都是孩子的典型行为。他们需要时间来寻找正确的词语，他们的思维可能比语言来得快。对于此种情况，大人要学会放松和等待，因为说话是一个复杂的发送和接受的过程。最好的办法就是保持耐心和乐观态度，并采取一种自然的"我在听"的姿态。

第 7 章 语言表达，在生活的细节里练就好口才

延伸阅读

孩子何时适合学习第二种语言或外语？

第二语言学习与母语学习的一个最大的差别是，正常的儿童都能成功习得母语，而只有非常少的成人学习者的第二语言水平能够接近自己的母语水平。

很多学龄前孩子的父母纠结一个问题：到底何时该让孩子学习外语？他们担心过早将孩子送进外语补习班会破坏了孩子本该享受的快乐童年，而如果太晚，则担心错过了孩子学习的最佳年龄。那么，到底有没有孩子学习外语的最佳时间呢？实际上，对是否存在关键期，研究者始终在争论。

1967年，美国心理学家埃里克·勒纳伯格（Eric Lenneberg）在其专著《语言的生物学基础》一书中指出：从神经生理卫生角度看，学习第二语言的关键期大约从2岁开始一直到12岁结束。因为在这一时期，人的大脑在发育早期较灵活，思维尚未形成定式，学习外语也较自然。随着年龄增长，记忆力衰退，形成思维定式，母语产生的负迁移也增大，不利于第二语言的习得。

语言学家斯努恩在对年龄为5～31岁将英语作为母语的学生学习荷兰语时的调查发现，年龄大的学习者学习发音有初始优势，但是一年后，年龄小的孩子开始超过年龄大的学习者。这表明年龄较大的第二语言学习者的速度优势是短暂的。

还有研究发现，在控制了语言接触时间后，不管是自然接触还是正式的课堂学习，年龄大些的孩子学习句法和词法的速度快些，但是一年以后年龄小的孩子就赶上和超过年龄大的学习者。

综述目前各家的研究，国外研究者基本达成了以下共识：

对于语言的学习而言，关键期确实存在。人的一生中有一段固定时期，比其他任何时期都更容易习得语言。过了这段时期以后，再怎么努力学习，一般很难再完美地拥有母语能力。这段时期我们就叫它"关键期"，或者叫语言学习的"黄金期"。对语言学习来说，2~14岁之间即为"关键期"。根据多元关键期假设，从出生到4至7岁，是孩子们切分音节、掌握语音、学习词汇搭配的关键时期，一旦错过该时期，地道的语音语调很难获得。语言学习的速度及最终成效的确受年龄因素的限制。就外语学习的初始速度而言，成人在语言学习的最初阶段比孩子更具优势。最终成效而言，学习外语起始时间早于关键期的孩子比成人学习者的最终语言水平高，孩子早语言学习中享有长效优势。过了关键期，左、右脑之间便不能再进行功能重组了，即语言学习只能发生在左半脑，不能同时发生在左右半脑，总体效果不如关键期内。错过了这段时间，学习者依然可以学好第二语言，但想要学好困难更大。

孩子在语言习得方面相对青少年和成人具有不可逆的优势。在幼儿期，外语教育不宜采用课堂式的学习，而要寓学习于游戏之中。中学以上的学校英语按"听、说、读、写"4个方面进行，而对于孩子的指导，应以"听、说、写、读"为顺序。但是，从母语和第二语言的重要性角度而言，第二语言的学习，应该在初步掌握母语而母语又不足以强大到排斥第二语言时。其具体时间大体在2~14岁之间，最晚不超过15岁。另外，在学习的过程中，父母指导的次数要尽量多些，每次指导学习的时间以15分钟为宜。假如学习语言之后使用频率低，效果就不大，难以掌握，而每次指导的时间过长，又容易引起孩子的厌烦，这就对父母自身提出了很高的要求。

8

适时培养阅读兴趣
会受益一生

教育者不是高高在上的设计者，孩子的成长并不依赖于成人的设计与教导，教育者只是环境的准备者，是帮助孩子扫清成长障碍的辅助者。当教育的核心由教育者让位给孩子时，就好像哥白尼把宇宙的核心由地球让位给太阳。成人只有战胜自己可能尚未觉察的傲慢，才能更加接近真理。只要环境适宜，美好的品德和健全的性格会在孩子身上自然形成，道德说教对于品德和性格的养成并没有帮助。只有在环境的影响下，发展正常的儿童才能在发展过程中展示自己的力量：有自发的纪律性，不停地愉快工作，有社会良知，愿意帮助和怜悯他人。事实上，很多令成人头疼的孩子的问题正是成人的不当教育造成的。

　　要想提高孩子的能力，需要让孩子持续练习和不断地获取经验。正如不听话的孩子要通过与其他孩子一起活动才能变得听话一样，如果我们只告诉不听话的孩子"你很淘气"是不会让他们改变的。对孩子来说，成人这样做不是纠正错误，只是陈述事实。孩子要想增强能力和改正错误，应该进行长时间的主动练习。

——玛利亚·蒙台梭利

了解孩子阅读的敏感期

关于孩子阅读,有很多误解,很多人或者很多书籍把孩子听与读弄混了,把"妈妈读,孩子听"也称为阅读,因此认为孩子阅读越早越好。造成这个误导的原因是父母不了解孩子语言发展机制,不知道孩子语言的发展遵循一个精细的自然秩序:听、说、写、读。

孩子阅读的敏感期是在4.5~5.5岁之间。孩子的阅读意识是伴随着书写而产生的,他们已经开始尝试着探究书写本身的含义。蒙台梭利博士曾观察到:"当我在一张白纸上描字时,他们注视着我的手,并逐渐认识到,我正在跟说话一样表达我的思想。他们一旦认识到这一点,就开始拿起我写过字的那些纸,把它们带到角落里,试图阅读它们。他们只是默读这些字,并未发出声音。由于努力思索而紧皱的脸蛋突然露出了一丝笑容,并且高兴得蹦跳起来,仿佛隐藏在他们体内紧压的弹簧突然放松了。这情景告诉我,他们已经理解我所写的字了。我所写的每一个句子,都包含一个我曾经用口头语言表达过的'命令':'打开窗户''到我跟前来'等。这就是他们阅读的开始。"

孩子对阅读的兴趣并不是与生俱来的,是建立在神经系统成熟的基础上的。因此,成人不应过早地对孩子进行阅读训练。如果我们太早对他们进行阅读训练,就可能扼杀他们的阅读兴趣和强烈的探究欲望。

虽然孩子书写和阅读能力的发展相对较迟,但如果孩子在语言、感官、动作等敏感期内,得到了充足的操作训练,其书写、阅读能力便会自然产生。

在阅读敏感期,成人应重视培养孩子的读写能力,多选择适宜孩子阅读的读物,为其布置一个充满书香的生活环境。父母和孩子一起诵读或阅读经典著作,把识字、阅读、明理结合起来,既能密切亲子关系,又能使孩子养成爱读书的好习惯,还能陶冶孩子的性情,促进其人格向善,从而促使其成为一个学识渊博、品德高尚的人。

拒绝敏感

与孩子一起成长

★ 孩子的阅读能力促进智力发展

阅读对一个人成长的重要性不言而喻，它能让孩子认识自我、认识世界、感知一切未知的事物，不但有助于增强孩子对世界持续的好奇心，还提供了与他人交往的方式，促进孩子形成丰富多彩的社会接触。

阅读是一种终身教育的好方法。热爱阅读可以改变孩子的一切，使孩子一生受益。在物质生活日益丰富的当下，孩子拥有的玩具和零食越来越丰富，但太多物质的东西会把孩子们变成物质主义者，以至于没有了这些东西孩子们就不知道如何让自己快乐。如果养成了对自己拥有的东西似乎永远不知足的习惯，这样的孩子既很难相处，也很难让人喜欢。而阅读则能解决这种难以满足的物质需求所带来的空虚。

正如著名教育家苏霍姆林斯基（1918—1970）所说：早期读过哪些书决定一个人在青少年时期的精神丰富性，决定着他对生活目的的认识和体验，也决定着青年人的观点和情感的形成。真正的阅读能吸引学生的理智和心灵，激起他对世界和自己的深思。"几乎每个孩子都有自己心中的英雄或学习的榜样，如军人、医生、科学家、艺术家、政治家、老师、英雄人物等，这些令他们崇拜而学习和模仿的楷模差不多都是孩子通过阅读各类书籍认识与获得的。"苏霍姆林斯基认为，学生的智力发展取决于良好的阅读能力，如果撇开阅读技能而要求学生掌握知识、发展智力，那就只能使学生的智力变得迟钝，造成思想混乱和肤浅。他一再强调不善于阅读的人就不善于思考，隐藏着"智力生活缺乏的严重危险"。

研究者发现，人的阅读大致可分为两个层面：一是获得能力的学习，二是通过阅读获取信息的方法能力的学习。一般来说，8岁以前的孩子主要的阅读学习是第一个层面的，应当掌握的是基本阅读能力。在8岁以后就可以通过这些基本阅读能力去进一步形成获取信息的方法技能，从而去学习各学科知识。

★ 早期阅读对智力发展有益

孩子的阅读开始越早，阅读同他全部精神生活越能有机地发生联系，阅读时思维过程就越复杂，阅读对智力发展就越有补益。研究人员在研究有天赋的孩子以及早期阅读者时发现，他们的父母纷纷表明，他们在孩子刚出生或是婴儿时期就对他们进行阅读教育。很早就学会阅读的孩子通常对文字感兴趣，而他们的父母也会对此有积极的回应，能注意到孩子的兴趣，当孩子遇到困难时给他们提供帮助。

调查发现，父母从很小的时候就定期给孩子进行阅读，这些孩子很快就表现出他们对阅读图书的喜欢程度不断增长。他们的注意范围拓宽，他们喜欢的拿手故事增多，而且他们开始要求父母一遍又一遍地阅读图书给他们听。孩子开始把图书看作个人乐趣的来源，并从中得到了其他方法无法获得的个人满足感。

在大量接触图书过程中，孩子对文字的敏感性增强，其探索、感知文字符号的积极性提高，进而有助于孩子了解和掌握有关书面语言，成为积极的语言运用者。在父母与孩子共同参与的亲子阅读中，孩子尝试用自己的语言表达所见所闻，获得语言习得机会和必要的知识技能，大大促进了孩子积极的语言表现倾向和运用能力。长此以往，孩子的语言运用会更加灵活，渐渐与思维同步，阅读能力也会得到提高。

许多人认为，孩子在幼儿园甚至一年级的时候才开始学习阅读和书写。然而阅读能力自出生起便通过每天和父母的互动——书籍共享、讲故事、唱歌、交谈指点和命名活动等不断发展。即使是绘画、涂写或捡拾等活动都是有一定目的的，它们有助于孩子发展手部肌肉的协调性，对学习如何书写是十分必要的。

即使是刚出生几个月的婴儿，如果父母在一旁给他们阅读，虽然他们不能完全理解所说的词语的含义，但他们能对父母说话的声调和活动提供的亲密感做出回应。

和孩子一起阅读与其日后的读写能力相关，也是培养孩子阅读习惯的开端。美国儿科学会建议从婴儿6个月大开始，每天给他们读书。3~8岁是孩子学习基本阅读能力的关键期。在这个阶段，孩子口头语言发展速度惊人，同时开始认识符号、声音与意义的关联性，学习如何看待一张纸、一本书，尝试用自己所学的语言解释周围生活中的所见所闻。所以，在孩子3~8岁期间，父母和老师要特别帮助孩子培养他们的自主阅读能力。

孩子阅读技能的发展

阶段	年龄	主要特征
阶段0	从出生到刚步入一年级	学习阅读所需的一些先决能力，如识别字母
阶段1	一年级和二年级	学习语音转录技能；开始进行阅读
阶段2	二年级和三年级	流畅地阅读，但不太理解句子的意思
阶段3	四年级至八年级	阅读成为学习的一种工具
阶段4	八年级之后	能够理解反应多重观点的信息

★ 父母要当好阅读的引路人

早期阅读教育不仅是视觉的活动，也是听觉的、口语的活动，甚至是触觉的活动。它不仅能丰富孩子知识，开阔孩子眼界，陶冶孩子情操，而且能促进孩子思维能力、想象力、口语表达能力的相应提高，并能促进孩子社会性认知和情感的发展。父母无疑是培养孩子阅读能力最佳的引路人，相比老师而言，父母有更亲密的私人时间可以陪伴孩子。新加坡等国家倡导父母在孩子18个月时就要开始为孩子朗读。

很多父母让孩子从1岁以前就开始接触书籍。通常这些经验包括对图片进行命名或谈论有关图片的内容等。这时候，可以用手指作为辅助，当谈论图片的时候要用手指着它们，这能帮助孩子集中注意力，延长孩子在阅读时安静坐下来的时间。在第二、第三年间，父母开始为孩子朗读书中的内容。孩子在听到这些故事的时候，他们开始形成这样的理解：书籍能够为他们带来信息、愉悦感和舒适感。这一理解会使得孩子形成对书本的热爱和独立阅读的动机。

与孩子一起阅读也能为他们将来的学业成功做准备。父母在与孩子读书时，不但要让他倾听，而且要通过让孩子猜测下面会发生什么，或者让他们用自己的语言或唱歌、手指以及模仿等复述故事或者模仿书中的不同角色，交互式地参与其中，当孩子能够预测后面的情节发展时，他们的能力就已经提高了。这样的阅读活动有助于发展重要的学习预备领域，如孩子的认知和语言技能、熟悉书本以及社会性和情绪的发展。此外，经常与父母一起度过阅读时间能开发孩子的好奇心和激发孩子独立自主学习的渴望。

父母如何与孩子在阅读时互动

1. 经常和孩子一起阅读，引导他以自己的经验为基础理解图书的内容。如：

- 引导孩子仔细观察画面，结合画面讨论故事内容，学习建立画面与故事内容的联系。
- 和孩子一起讨论或回忆书中的故事情节，引导他有条理地说出故事的大致内容。
- 在给孩子读书或讲故事时，可先不告诉名字，让孩子听完后自己命名，并说出这样命名的理由。
- 鼓励孩子自主阅读，并与他人讨论自己在阅读中的发现、体会和想法。

2. 在阅读中发展孩子的想象和创造能力。如：

- 鼓励孩子依据画面线索讲述故事，大胆推测、想象故事情节的发展，改编故事部分情节或续编故事结尾。
- 鼓励孩子用故事表演、绘画等不同方式表达自己对图书和故事的理解。
- 鼓励和支持孩子自编故事，并为自编的故事配上图画，制成图画书。

3. 引导孩子感受文学作品的美。如：

- 有意识地引导孩子欣赏或模仿文学作品的语言节奏和韵律。
- 给孩子读书时，通过表情、动作和抑扬顿挫的声音传达书中的情绪情感，让孩子体会作品的感染力和表现力。

资料来源：教育部《3~6岁儿童学习与发展指南》

★ 兴趣是最好的老师

父母要培养孩子的阅读能力，首先要善于利用孩子的心理特点，抓住孩子阅读的敏感期，激发其阅读兴趣，把阅读活动建立在他们感兴趣的基础上，使其喜爱阅读活动，产生积极的阅读态度，这是指导孩子阅读的关键。良好的习惯一旦形成，就成为人的一种稳定的行为方式，它将在人的一生中发挥重要作用。

主题阅读是激发孩子阅读兴趣和阅读好奇心最直接的阅读策略，主题阅读针对一个题目，采用跨学科、不同领域的综合性的方法开展，让孩子对主题有整体、综合的了解。比如，关于恐龙的主题，阅读既可以是恐龙故事解读，也可以是恐龙化石的知识解读。这样孩子在同一主题认知上能够整体、全面、直观地掌握阅读内容。

和主题阅读功效相似的创想阅读也有异曲同工之妙，创想阅读是孩子绘本阅读的拓展方式，通过绘本故事的情境或内容涉及音乐、美术、舞蹈、表演、写作等阅读以外的内容和知识。好的创想阅读方式让孩子感受到阅读的美妙，同时扩展孩子多方面的技能，全方位培养孩子的兴趣爱好，对孩子多方面的发展都有较大帮助。

此外，家庭成员共同参与的读书活动也为孩子学习一系列重要的概念提供了大量机会。其中主要包括：有关所处世界的新信息，新的词汇；父母与孩子一来一回的互动对话模式；印刷品的特征，以及如何把持书本等。

在帮助孩子形成对书籍、印刷品的认识过程中，父母扮演关键的支持性角色。通过回应孩子对图片和印刷品的兴趣、参与指点命名的游戏，向他们提问和回应，父母就能始终处于孩子的最近发展区中，从而促进孩子的理解并挑战他们的思维能力。父母在与孩子谈论他们读过的故事时，还能够促进孩子反思能力的发展。

研究发现，在不同的阅读环境下，成人与孩子互动的本质影响了孩子对不同阅读场景的理解。比如，父母积极为年幼的孩子念读书中的文字和图画，提供年龄适宜的绘画和书写工具，并回应他们有关印刷品的问题，这些举措会使得孩子能更好地认识环境中的印刷文字。

要注意的是，培养孩子的阅读能力一定要使用纸质书，而不要用电子书。网上阅读会让人体大脑里负责"浏览"的神经回路更加敏捷，而不是让负责"阅读和深入思考"的神经回路更敏捷。研究表明，与阅读纸质文字相比，在网上阅读带有超链接的文字，更容易导致人们对阅读的内容感到困惑，哪怕他们根本没有点击那些链接。因为有链接这一简单的事实就会逼迫人的大脑做决定，是点开它还是不点开，这本身就分散了人的注意力。

不同时期孩子书籍类型的选择

年幼婴儿 适用的书籍类型	可立在摇篮一角或视线范围内的地板上的纸板书 彩色或黑白的插图 使用无铅无毒的材料印刷（包括油墨、黏合剂、纸张或卡纸等） 圆角设计（无订书钉、螺钉或其他尖锐、可拆卸的零件）
年幼婴儿 书籍的内容和插图	每页一样简单客体（点读书） 图案为熟悉的物体，诸如婴儿奶瓶、填充玩具、球、杯子、毛衣、帽子等 熟悉的人脸（父母、兄弟姐妹、祖父母等）的大幅照片 可抓握、啃咬和抱起的婴儿生活环境中独有的熟悉的物体（摇篮、台灯、填充玩具、摇椅和高脚椅等）
年长婴儿 适宜的书籍类型	可清洗的布制书籍 可清洗的塑料书籍 无铅无毒的材料 没有细小的零件 圆角或柔软的边缘
年长婴儿 书籍的内容和插图	更多的点读书，内容范围包括更多的熟悉物体或故事情节 带触觉刺激、气味的书 简单的插图（避免过于复杂的插图，避免每页过多的插图） 为插图配上简单的单字印刷标注 简单的一行、两行或三行小故事，随着婴儿年龄增加和阅读行为增加，逐渐增加故事的长度和复杂性 简单的一一匹配的书（每页一个、两个或三个项目，不超过五个项目）

> 拒绝敏感
> 与孩子一起成长

延伸阅读

如何让孩子爱上阅读

孩子在婴幼儿时期难以完全独立自主,所以在阅读过程中离不开大人的指导和帮助。除了行为上的指导外,为孩子创造良好的阅读空间也非常关键。孩子的阅读环境既包括"硬件"也包括"软件"。硬件就是提供孩子读书的良好环境、桌椅板凳、适合其年龄以及自身兴趣的图书、材料等,软件就是家庭中良好的阅读氛围。

现在,越来越多的父母已经意识到培养孩子阅读的重要性,并且也愿意花钱为孩子购置各类图书。但是只有硬件还不行,软件也要跟得上。不少家庭虽然购买了大量图书,但由于担心孩子读后看后随处放,把家里弄得乱七八糟,所以把书籍束之高阁,放在了孩子难以够到的地方。

还有的父母自身没有阅读书籍的习惯,在家不是玩手机就是看电视,这种家庭氛围很难养成孩子的读书习惯。"近朱者赤,近墨者黑",家庭阅读氛围是指家庭阅读环境中的气氛和情趣,包括父母自身的阅读习惯,父母与孩子共同阅读的频率以及孩子阅读的规则性等,它往往会对孩子产生潜移默化的作用。

美国前任总统乔治·布什(小布什)的母亲芭芭拉·布什,被人称为贤妻良母。为了丈夫的事业、孩子们的成长,她把自己的一生默默地奉献给了他们。芭芭拉在家里定期举行读书活动,在社会上开展扫盲运动。据芭芭拉回忆,小的时候,父母就经常让她读书,因而她知道亲子阅读的重要性,知道给孩子读书的意义。于是,芭芭拉经常给自己未上学的儿女、孙儿孙女们进行家庭阅读。她说:"在家中给学龄前孩子朗读,会在他们幼小的心灵中留下深刻印象,这是重要的学前一课。"

可以说,布什夫人的"家庭亲子阅读",对这个荣耀的家族的孩子们进行了良好的文化知识教育熏陶,在孩子们取得的成就里,她的"家庭亲子阅读"功不可没。

那么,芭芭拉有哪些值得学习的"亲子阅读法宝"呢?

☆ 坚持每天阅读

为了养成孩子们的读书习惯,芭芭拉坚持在每天的同一时间给孩子们读书,并且至少持续阅读15分钟。经常是家里母子几个一起阅读几本心爱的书,从而度过了无数个难忘的夜晚。一路坚持下来,孩子们就迷上听她读书,逐渐养成了阅读习惯。

☆ 生动有趣

在阅读时,芭芭拉会问孩子们一些问题,有时读到精彩的部分,她会故意停顿下来说:"现在,你们猜接下来又会发生什么事呢?"用这种方法来吸引孩子继续听下去。这就好比相声中故意卖关子,增加悬念和兴趣。在给孩子的阅读中,只有将故事读得生动活泼,才能吸引孩子们的专注力。通常,故事念完了,芭芭拉还要问问孩子最喜欢书中哪一部分,或者他们想如何更改故事的结尾,以增加孩子对书里内容的了解与印象。

☆ 全家总动员

有时候,孩子们还希望爸爸、爷爷、奶奶,以及家里的保姆等所有的人都来参加读书。为此,芭芭拉会动员全家人都参与孩子的阅读活动。她说,这样做对孩子读书的兴趣有很大的影响力,因为这样孩子们才会觉得阅读是一件人人都应该做的事情。

☆ 重视"听"的效果

芭芭拉不但在孩子们小的时候给他们读书,而且在孩子自己会认字以后,她依旧给孩子们读,一直到他们升入高中。她说,大部分孩子在12岁之前聆听能力比阅读能力高,所以他们"听"书的收益会更大,而且亲子共读可以让孩子们学会分担并培养参与的意识与责任感。

☆ 阅读宜早不宜晚

孩子阅读的年龄越早越好,孩子出生后两三个月,就可以开始给他阅读,这样能使孩子更早一些获益。3个月的婴儿开始能趴着,练习抬头,开始偶尔伸出小手触摸前面的玩具,这时候他的玩具中就可以包括图案很大、色彩鲜明的布书或者大图卡了。大人拿给孩子看,边说边翻,孩子会慢慢认识他的布书玩具。让孩子从几个月开始对这些可"读"之物保持接触,等孩子长大到能滚、能爬、满屋子好奇探索的时候,你就会发现,他能偶尔拿起他的画书,像模像样地翻看。无论你家多大或者多小,都给孩子准备一个属于他自己的阅读空间,让孩子随时能拿到书,对于日后孩子与书建立亲近感非常重要。之后等孩子长到两三岁,大人开始逐渐增加投放孩子在日常生活中可以接触到的适龄童书,孩子就会慢慢把"看书"当成自己生活的一部分了。

9

兴趣班，上与不上的理由

孩子特殊兴趣的形成源于其在敏感期中敏感性的指向。这种指向会以一种自然的极富创造性的形式发展，它就像生物那样，靠从外界不断获取印象，来增加能力，逐步成长。

大量实验表明，孩子在1岁之前就能够对周围的事物形成清晰的印象，并能够从图片中认出。一旦孩子获得了这些印象，他们很快就会对此失去兴趣。从1岁之后，孩子就不会再对漂亮的东西和鲜艳的色彩产生喜不自禁的冲动，而这种冲动恰恰是孩子敏感期的特征。

等到3岁以后，不再会像之前2年基于原始冲动而对事物产生兴趣。这个时候的孩子是基于前两年积累下的认知，带有智力目的地将注意力集中在了某些事情上。他们开始对成人不留心甚至可以说不起眼、不容易感觉到的小东西感兴趣了。这种集中的过程能使孩子感到愉悦、轻松和满足。正是这样一个过程和感受才不断形成了孩子的自我，兴趣变成了意志力过程的一个很重要的环节。

——玛利亚·蒙台梭利

第9章 兴趣班，上与不上的理由

社会兴趣与幸福感成正比

露露的妈妈最近很纠结，几个月前她给孩子报了一对一的钢琴课，一开始准备试着让孩子练习手指的协调性。几节课下来，钢琴老师说孩子很有天赋，建议好好培养。于是，露露妈妈花了自己一个月的工资，给孩子买了一架钢琴。钢琴买回来之后没多久，孩子对学习钢琴的热情逐渐降温。到后来，就一直嚷嚷着不想学了。父母每天逼着她练琴，也是磨磨蹭蹭，难以全身心投入。为此，家里人也很犯难，到底应不应该让孩子继续学习下去？

与露露妈妈类似，现在的父母都非常重视对孩子早期兴趣的培养，而良好兴趣的培养与选择高质量的兴趣班有一定的联系。早期的兴趣开发有助于提升孩子的智力、身体协调能力、组织能力、语言思维能力等多方面的才能。比如，体育类的兴趣班可使孩子的身体素质得到提升，并培养孩子热爱运动、热爱生活的积极的人生态度；音乐兴趣班能更好地激发孩子对艺术最原始的渴望，对音符世界最初的感知，更好地培养孩子与节奏、律动之间的关系；益智类的兴趣班，则能开发孩子大脑等。

心理学研究发现，社会兴趣得分高的个体比社会兴趣得分低的个体更少出现压力、抑郁、焦虑以及消极等情绪，社会兴趣得分高的个体在与他人合作、同情、责任和受欢迎程度的测试中得分也较高。研究还显示，社会兴趣得分高的个体在主观幸福感、希望与乐观、愉悦性、自我认知、自我决定和强烈生命意义感上的得分也较高。

高社会兴趣也对人的健康有益，社会兴趣和与它相关的归属感、合作性、对社会关系网络的贡献感，以及从社会关系网络中所获得的支持感，与身体和心理的幸福感成正比。幸福感的增加会让人心情愉悦，再加上合理的锻炼，社会兴趣得分较高的个体相对拥有更强健的免疫系统，他们很少感冒、血压更低，主观幸福感更高。

★ 孩子对兴趣班的喜好程度不高

不过，现状是，现在很多孩子对兴趣班的喜好程度并不高，更有一部分孩子根本就不喜欢自己参加的兴趣班，甚至是厌恶或抵触。这与父母的选择有很大的关系，兴趣班的"兴趣"是孩子的兴趣不是父母的兴趣。兴趣班的选择要依据孩子成长的自然秩序来选，父母可以引导与推荐，但最后选择权在孩子，因为只有孩子自己知道他需要什么。父母一定要相信：你的孩子比你聪明得多，他不会把人生宝贵的时间浪费在无用的事情上。所以，蒙台梭利曾说："儿童是成人之父。"

现实是，父母自以为是，过度干预孩子对兴趣的选择，甚至很多父母在没有和孩子商量的情况下就擅自为孩子选择自己中意的兴趣班。孩子爱好什么，喜欢什么类型的兴趣班，父母根本不会和孩子沟通，也没有耐心地去观察自己的孩子在哪些方面感兴趣且专注，也不知道孩子的倾向性，只是父母通过自己的感受或个人喜好来决定。

当然，父母也有自己的想法："孩子年龄小，自己不会选择，所以只能父母'代劳'了。""现在社会竞争激烈，所以要从小让孩子多学些技能，多学特长，以后才有更好的发展前途。"在这种心理作用下，父母报的兴趣班多含有一定的功利性，希望培养孩子将来能安身立命的一技之长。事实上，兴趣和一技之长是两个概念，这样的兴趣培养完全忽视了孩子的存在和孩子对兴趣的需求。

还有的父母是因为没有实现自己儿时的愿望，所以希望子女能将自己的遗憾弥补，希望让孩子参加兴趣班，并且能取得一定的成就来弥补自己过去的缺失。这也是父母最自私的表现之一。这样的兴趣选择更是脱离了培养孩子早期兴趣的初衷，变成了带有父母喜好的兴趣班。孩子如果本身对这种兴趣班不感兴趣，即使整天随着父母辗转于舞蹈、英语、绘画等培训班，也会采取敷衍了事的态度，注定不会有好的学习效果。更为严重的是，这还会扰乱孩子正常化发展的秩序，严重破坏孩子的专注力与自信心。

★ 盲目选择兴趣班

从早期教育的观点出发，父母对孩子的个体发展及教育的客观规律的知识储备不足，直接导致了兴趣班选择的盲目性和从众性。很多父母在看到亲戚朋友、同事家的孩子参加兴趣班后，自己就会很着急，害怕孩子落伍。"为了不让孩子输在起跑线上"，于是，不管孩子喜欢与否，抱着不能落后的想法，很多父母就把孩子送进了多个兴趣班。

父母要意识到兴趣学习本身就是素质教育的一部分，不是精英教育，更不是特别的速成教育。兴趣学习重在让孩子在快乐的学习过程中正常化地发展，体验到成功自信，使得孩子喜欢上自己的选择，专注自己的选择，领悟大自然规则和人生道理，构建健全的人格特质。兴趣班是协助孩子实现正常化成长的一种手段而已，但大部分父母的意识还停留在希望兴趣班能对孩子将来的学习有帮助，参加培训班的目的仅仅限于能提高孩子的学习成绩。

此外，兴趣的学习是一个持续的过程，过程中的体验教育远比结果重要。比如，父母的陪伴让孩子感受到了耐心、爱与尊重，无论刮风下雨的坚持让孩子感受到守信、责任和毅力等。不论是在家里还是在学校，兴趣是孩子对某一个喜好发自内心最本真的追求。但孩子身心还不成熟，思维和思考的角度很片面，这时需要父母对孩子的兴趣进行积极引导和陪伴。有的父母虽然给孩子报了兴趣班，但对孩子的学习情况却不闻不问，也不知道孩子在学习中遇到什么困难。长此以往，兴趣班只能是父母的安慰剂，很难真正培养出孩子的兴趣。

另外，有很多孩子学东西都半途而废，其中也有父母的责任，要么没有坚持送，遇到刮风下雨天气不好时，自己首先就有了"要不请一节课假吧！回头补上，反正也没太大的影响"的念头，偶尔一次可以因为天气原因请假，下次孩子就可以因为不想早起而请假！虽然可以通过补课把落下的课程补回来，但是肯定没有系统地跟着节奏一起学习效果好，更重要的，通过对一件事情风雨无阻的坚持，更能培养孩子的毅力。

★ 如何给孩子选择兴趣班

父母在给孩子选择课外兴趣班时，不要独断专行，切勿把自己的主观喜好凌驾在孩子的兴趣和特长之上，也不要盲目跟风、急于求成，不要看到别人报班自己也跟着报。兴趣班的选择要顺其自然、循序渐进。在为孩子选择兴趣班之前，要时时刻刻从孩子的角度出发，用心观察自己的孩子，更多地征求孩子的意见，尊重孩子的兴趣指向和兴趣发展水平。

"工欲善其事，必先利其器"。父母想让孩子不输在人生的起跑线上，为将来的人生道路打下良好的基础，而人生从来不看起跑，要赢在终点而不是起点，真正起关键作用的不是单纯让孩子学得一技之长，而是各种综合能力和健全人格素质的培养。因此，父母要摒弃自己的功利心态，不能急于求成，形成科学的育儿观，扮演好规划者和指引者的角色。

为孩子选择兴趣班，应该结合孩子自身的性格特点，以孩子的兴趣为出发点，因此，父母给孩子选择兴趣班还应该树立"以人为本"的思想，做到"因脑施教"，因材施教。不同的孩子基因不同，个性也不尽相同，而每个孩子都有自己的长处，作为父母，应该花时间分析孩子的天赋和特长，善于发现孩子身上的闪光点，扬长避短，正确引导，充分发挥他们的天赋和特长，调动学习的主动性和积极性，区别对待。

在给孩子选择课外兴趣班时，还应坚持适量原则，切忌贪多求全。孩子的年龄特点决定了他们是不可能面面俱到的。作为父母，不要要求孩子同时上几个兴趣班，同时学习各种技能。俗话说"贪多嚼不烂"，过多的知识灌输会让孩子思维混乱，结果往往都是"蜻蜓点水"。

既然选择了课外兴趣班，就应该遵循孩子的身心发展规律，挖掘孩子的潜能，充分发挥孩子的天分，追求完善人格的培养，力求做到极致，促使孩子获得身心全面协调发展。

★ 兴趣班的坚持要抓住孩子的心理特征

兴趣班难以坚持下来，还有一个原因是与孩子的心理特征有关。孩子对兴趣的选择往往是"来得容易去得也快"，玩是每个孩子的天性，孩子最感兴趣的就是玩，如果不是玩，很快就生厌了。这里的"玩"的定义取决于我们给予孩子的是否遵循了孩子的敏感期，让他们的兴趣持续下去。最好是让他们感觉是在玩而不是在学！

蒙台梭利教室里的孩子们每天都在玩，蒙台梭利称之为"工作"。那他们在玩什么？希望父母去亲自看一看。

对孩子们来说，认为自己想要做什么事，然后又改变主意，这也是很正常的——要么是因为事情比他们原来认为的要难，要么是因为他们并不像自己原来以为的那样喜欢做这件事。当然，孩子的每次选择不一定都是合理的，但是父母可以多观察、倾听，通过讨论并做出正确引导。

父母常常希望自己的孩子能够完成他们自己没有完成的事情。有些父母认为做事有始无终是一种性格缺陷；还有一些父母可能会因为花了很多钱帮助孩子培养某种兴趣，当孩子改变主意时，他们会为这笔钱打了水漂而非常生气。在这种事情上，重要的是要审视一下谁有问题需要解决。

对于兴趣班，在条件允许的情况下，一开始父母最好和孩子一起上课，并和他们一起练习，但要慢慢让孩子独立。课后要愿意在孩子练习时花时间坐在旁边，并给予适时的关注，或者至少和孩子待在同一个房间里。父母要和孩子保持良好的沟通，能进入孩子的内心世界，并探究对孩子来说什么是真正重要的。要用启发式问题帮助孩子探究什么对他们来说是重要的，比如："你对弹钢琴有什么感受？怎样才能完成你想要做的事？你在练习过程中有什么问题？你对解决其中一些问题有什么想法吗？你认为需要多长时间才能克服比较难的部分，变得更有乐趣？如果你现在不花时间练习，你认为自己长大成年后会有什么感受？你需要我为你提供什么帮助吗？"

此外，还要通过给孩子讲一些关于学习新东西需要花费时间的故事，帮助孩子形成切合实际的期望。要和孩子达成一个约定，在他努力尝试过一个月、若干次之前，不能放弃某项兴趣或者活动。不过在那之后，如果孩子改变主意，父母要支持并无条件地爱孩子。

★ 家庭要创造发展孩子兴趣的条件

再好的社会兴趣班也不能取代家庭的作用，最好的兴趣培养是在亲子交往中进行的。日本著名的教育家、小提琴演奏家铃木镇一（1898—1998）提出的"铃木教学法"在小提琴学习中属于经典教学方式，其崇尚早期教学开启，并特别注重家长与家庭环境对孩子学习的重要性。比如在谈到小提琴的练习时，铃木认为：在许多情况下，家长让孩子练琴的方法就使他们感到厌烦。一个常见的情形是，家长在旁边连珠炮般督促孩子："你练呀！快练呀！"尽管不愿意，但在遭到训斥以后，孩子还是会听话的。但由于没有学习的积极性，谈不上能力的提高，充其量只得到肤浅的东西。

这就和植物栽培类似。只有了解种子需要什么的人，才能施足肥料、适当浇水和利用阳光，这才称得上真正的栽培者。相反，如果把种子放在手里，任凭你怎样喊叫"快发芽，快发芽！"，放在手里的种子是永远不会发芽的。

不创造种子发芽的条件，就不能使种子发出芽来。

孩子的能力是在适应环境中培养起来的。无论环境是好还是坏，是美还是丑，反复训练都会使孩子形成能力。坏的环境培养坏的能力，丑的环境培养丑的能力。

比如前面提到的"狼孩"的事例，在常人看来，狼孩是生活在一种丑的环境中，但是，"狼孩"自身并没有觉察到这个环境很丑，而是在无意识中被周围的环境所感染，养成了与环境相适应的能力，形成了狼的生态习性。人们将狼孩看成智力低下，但实际上狼孩身为人类却适应了狼的生活，说明其具有极强的生命力和很高的天赋。

因此，在培养孩子的时候，父母的着眼点应放在培养孩子美好的东西上，要考虑到为了孩子的幸福，什么是最重要的，并让孩子反复进行练习。仅仅反复练习还不够。以音乐而言，练习什么、怎样练习都是问题。盲目地反复练习坏东西，就会养成坏能力。

铃木在教孩子学音乐时，不管弹钢琴也好，拉小提琴也好，都是让孩子每天在家里一边听已学过的5支曲子的标准录音，一边反复练习。因为都是已演奏过的曲子，所以孩子们都能看着优秀的曲本愉快地弹钢琴或拉小提琴，都能自然而然地掌握出色的演奏能力。在此基础上，再练习新曲子。

延伸阅读

美国孩子如何选择兴趣班

美国的教育理念是提倡学生个性化发展，其核心是鼓励教育，注重培养孩子的自信心。在这种教育理念的指导下，老师总是以鼓励孩子为主，重点关注孩子言行中积极的一面，鼓励创新，给他们自由发展的空间。

美国的幼儿园和学前班教育，很少有各种条条框框的束缚，教师在给孩子提供课程的时候，多采取寓教于乐的方法，多采取个体教学兼顾小组互动游戏。世界各国的教育水平调查结果显示，美国学生的基础知识，尤其是数学能力只能排在世界20名以外，但是自信心却长期稳居全球第一。

美国人特别注重孩子的表达能力，演讲课、辩论课都非常受欢迎，同时美国也有很多领导力培养的兴趣班。

美国教育注重严谨的学术习惯，所以设置的课程多并不注重背诵和记忆，但是知识体系涉猎非常广。

在美国的课堂上，无论是大学、中学还是小学，教师很少给学生讲解知识点，而是不断提出各种各样的问题，引导学生自己得出结论。学生的阅读、思考和写作的量很大，但很少被要求去背诵什么东西。这一点在数学兴趣班方面表现明显，美国有各式各样的科学探索兴趣班，但很少有奥数辅导班，这与美国人务实的理念有很大关系。他们认为数学的存在是为了解决实际问题，而并非单纯地成为运算或锻炼大脑的工具。

重视孩子的运动是美国教育的另外一大特点。美国是运动强国，也是运动大国，真正形成了全民运动的社会氛围。孩子们从小就会在周围人的带动下去体验各种运动。运动不但能强壮身体，还能建立人的自信心。

在中国，学生选择报考体校，绝大多数都是因为文化课成绩不理想，但在美国却截然相反。在美国大学里，想要参加运动社团首先成绩必须好，美国的奥运会金牌选手大多是优秀的大学生。因此，课外的体育训练班在美国特别多，特别是篮球、游泳和网球这一类的全身运动项目很受追捧。

美国人认为，艺术和音乐可以丰富孩子的精神世界，所以很多家庭会选择让孩子去参加音乐或者艺术类的兴趣班，学习一门乐器或者美术当特长。

美国人值得称道的是对于阅读的重视和尊重，除了学校注重阅读兴趣以外，父母也会从小就培养孩子对于书籍的兴趣，从孩子书籍的多样化就能让我们感受到这种气息。在美国外语学习兴趣班或课后项目一直都很流行，受多元文化影响，很多学校都会为少数族裔家庭提供第二语言课程，例如中文、西班牙语等。

美国社会很重视人的社会价值以及回馈社会的理念，所以他们的家庭观念与社区意识都很强，很多人愿意孩子长久地待在自己的社区，父母也会通过很多志愿者带着孩子一起服务社区。美国的社区也会组织各种活动，培养孩子的社会意识和兴趣，同时通过社区活动来给孩子们提供展示爱好和特长的平台。

美国式夏令营也是父母们钟爱的兴趣培养项目，如著名的童子军。美国人相信户外运动，特别是探险、野外行军、野外生存等夏令营活动可以帮助孩子变得勇敢，变得敢于去探索未知，这也是对美国冒险进取精神的很好传承。另外，户外活动的兴趣也会让孩子们形成自己独立的性格。

虽然美国人追求实际，但对孩子的兴趣要求并不功利，一方面是因为美国人的生活态度，另一方面也与考试制度有关。在美国，除非孩子有这些方面的突出成就，如获得国家级或世界级奖项，否则无法得到学校的考试加分。

10

自控力培养，如何抵制棉花糖的诱惑

意志力源于选择。选择是意志力形成的关键。孩子自发地选择他所要做的事情，并且不停地进行重复，进而发展自己对行为的认识。最初这种行为仅仅是一种本能的冲动，现在已经成为一种有意识的行为。

有意识的意志是通过选择和活动而发展的一种能力，只是向孩子说明他该做什么是毫无用处的，因为说教并没有给孩子决策与行动的机会。孩子经由意志练习而发展的内在形成的意志力，给了孩子能够掌控自己行为的力量。

儿童意志力的产生和发展是以获取经验为基础的，因此意志力不是与生俱来的，它是在儿童发展的过程中逐步形成的。意志力是自然的一部分，所以其发展必须服从自然规律。既然大自然赋予了儿童成长的任务，那么儿童的意志一定会促进他们的成长和各种潜能的发展。

——玛利亚·蒙台梭利

第 10 章 自控力培养，如何抵制棉花糖的诱惑

3 岁之前是培养自控力的关键期

自我控制的能力（简称"自控力"）是一个人人格系统的重要组成部分，它是指在缺少外部监督或者延迟满足的条件下，个人能按照社会标准或自己的意愿，对自己的行为、情绪和认知活动等进行约束、管理的能力。其包括情感、动机、习惯、思想、毅力、态度、意志等诸多受主观能动性支配的方面。自我控制能力高，也是意志力强的一种表现。

在人的成长过程中，意志力和自控力占有非常重要的地位，无论是学习新的知识、技能，还是养成良好的习惯，成为某个领域的专家等，均离不开意志力和自控力。

自控力的高低，大多表现在孩子是否能够善于控制自己内心的欲望与外在的合理要求之间的冲突。具有高度自控力的孩子，往往意志坚定，做事有耐心，比自控力低的孩子更懂得克制自己的冲动和忍受挫折。

心理学上对孩子的自控力有很多实验，其中最经典的就是"棉花糖实验"。这个实验以学龄前孩子为研究对象，实验开始时，工作人员给每个孩子都发了一块棉花糖，并告知他们可以马上吃掉这块棉花糖，但是假如能等待一会儿（20分钟后）再吃，那么就能得到第二块棉花糖。之后工作人员全部离开，房间里只留下孩子和棉花糖。

观察的结果是，有些孩子等工作人员离开后就马上把糖吃掉了，有些孩子是过了一会儿才吃掉的，还有些是等待了足够长的时间，最终得到了第二块棉花糖。这个实验结束十几年后，研究人员继续调查了当年参与这个实验的孩子长大后的表现，结果发现，那些能够为获得更多的棉花糖而等待得更久的孩子，要比那些缺乏耐心的孩子更容易获得成功。

还有研究发现，自控力差与多种冒险行为有关，如吸烟、饮酒、吸毒、危险行为、攻击性以及违法犯罪等。高水平的自我控制能力让个体拥有较高的心理调适能力、较好的人际关系、较低的犯罪倾向、良好的健康状况，以及更倾向于远离危险行为（如自杀、不健康饮食和药物滥用），甚至对于学

习成绩来说，自我控制的预测作用要比智力的预测作用还要大。自控力是一种心理上的可再生资源，是个人对自身的心理和行为的主动掌握，它并非是与生俱来的，是后天逐步培养和磨炼出来的。

由于年龄小，孩子的自控力大多数较差，因此更需要培养和引导。父母可以通过有意识的训练，帮助孩子获得更强的意志力。早期教育的一个重要目标就是发展孩子的自律和自控能力，能主动控制自身行为，以符合主观的价值观、期望、标准和规则。

两岁以下的婴儿还不具备自控力，但在2岁左右，这种自控能力开始有所"萌芽"。有研究表明，一个2岁的孩子在被允许触摸某件物品之前，能够单独等待4分钟左右的时间。从这个时候起，孩子就能不断提高对自身的责任感。在大多数孩子中，自我管理的全面发展至少要到3岁时才开始。

从心理学和认知神经学来看，3岁之前是培养孩子自控力的关键期。这与婴幼儿的大脑发育以及身心发展规律密切相关。对自控力起到重要作用的是大脑皮质层的前额区的一部分，称为"眼窝前额皮质"，它的发育临界期是3岁之前。从出生之前到出生后2岁半左右，是眼窝前额皮质发育最快的时期，3岁之后几乎就不再发育。因此，大脑自我抑制系统这个中枢，必须在3岁前完成构建。如果错过这个时期，以后再建立就会非常困难。

但是，这并不意味着孩子过了3岁，自控力就已经定型了。其实，任何人的自我控制能力在其一生中都是不断发展变化的。3岁之前，我们更多关注的是大脑发育，需要通过延迟满足训练和忍耐训练来促进孩子大脑的自控力中枢的发育，帮助孩子构建自我抑制系统。简而言之，就是帮助孩子完成自控力"硬件系统"的构建。

孩子自控力的训练对于减少其问题行为、提高学业成就具有重要的意义，也可以预防成年期的成瘾和各种物质滥用。

提高孩子的自控力，可从以下方面入手：

★ 提供良好的环境

环境因素对孩子的自控能力会产生重要的影响。有秩序的、良好的环境氛围会让孩子形成自律规范的意识，而缺少规则保障、秩序性差的环境，

会使孩子产生放纵心理,自制力较差。比如,如果大人对家里的东西随处堆砌,摆放凌乱,不尊重时间,作息不规律等,孩子也会养成自由散漫的习惯。因此,要培养孩子的自控力,父母要从改善家庭环境做起,杜绝孩子观看充满暴力、打斗、吵闹的动画片,多带孩子去野外郊游,参加集体活动,为孩子自我控制营造良好的家庭环境。

研究发现,如果父母采用平等、民主化的教养方式,也有助于提高孩子的自控能力。相反,如果父母采取暴力、强制性的教养方式,或在日常生活中对孩子不够关心,放任自流,就会限制孩子自控能力的发展养成遇事逃避、懦弱的习性。

★ 给孩子适时的感情回应

从出生起,面对陌生的世界,孩子在成长的过程中会不可避免地遇到各种挫折。在面对挫折的时候,孩子还不具备使自己的情绪平复下来的能力,如果父母在身边适时陪伴能帮助他平复自己的情绪。这种平复情绪的过程就是孩子学习自我控制情绪的过程。

在3岁以前,父母应给孩子充分的满足和情感上的回应,这是孩子学习认识情绪和平复自己情绪的关键时期。在日常生活中,父母要给予孩子充分的活动自由,不过分干涉、限制及束缚孩子做他们想做的事情,使他们的情绪得到正确抒发,从而加强孩子的自我控制能力。当然,这种自由并不是对孩子的所有行为都放任自流,比如,孩子在公共场合不遵守规则,和小伙伴玩耍时抢夺别人的玩具等,对于这些行为,父母要懂得制止并制定适当的规则以遵守。

★ 保证孩子的充足睡眠

一个人如果长期睡眠不足,会导致其难以控制情绪和集中注意力。这是因为,睡眠不足会影响身体和大脑吸收葡萄糖,而葡萄糖是生理能量的主要存储方式。甚至还有研究表明,睡眠短缺对大脑的影响和轻度醉酒是一样的,在醉酒的状态下,人基本失去了自控力。

对孩子来说，睡眠更关乎身体的正常发育。婴幼儿大脑神经系统发育尚未成熟，兴奋活动不能持续较长时间，易疲劳而转入睡眠状态，所以睡眠时间较长。随着月龄的增长，大脑的发育，婴儿的睡眠时间也会有所变化。

正常的婴幼儿，年龄越小每天所需睡眠的时间越多。在一昼夜中，新生儿需睡18～20小时；2～3个月的婴儿需睡16～18小时；4～9个月的婴儿为15～16小时；1岁时需睡14～15小时；2～3岁时为12～13小时；4～5岁时为11～12小时；6～13岁为9～10小时。

★ 学会延迟满足

自控力差的孩子容易冲动，无法延迟满足，所以教育他们认识到"先苦后甜"的道理，并由父母亲自示范出来，对孩子形成克制的品格很重要。

延迟满足指的是一种能力，是人对获得自己想要的东西前能够等待的能力。研究证明，即刻得到的满足是与我们的情绪中枢密切相关的，而延迟的满足则是被抽象推理能力所控制。也就是说，即时的满足能带来实在的快感，而延迟满足则需要足够的定力和自我控制的能力。这样看来，延迟满足通常也是心理成熟的表现。

心理学研究表明，延迟满足是一种人人都可以学习的能力。中国学者杨丽珠通过对54名4岁孩子5年后的追踪研究发现：孩子4岁时的自我延迟满足（忍耐）能力水平可以预期其9岁时的学校社会交往能力水平。4岁时自我延迟满足能力高的孩子，在9岁时的学校社会交往能力总体发展也好，其遵守规则与执行任务能力、与教师、同伴之间的交往能力都显著高于那些在4岁时自我延迟满足能力低的孩子。

"延迟满足"的秘诀，不在于延迟而在于满足。3岁以前，是孩子学习平复情绪的关键时期。这个时候尽可能地满足孩子的依赖感，这样孩子才会有足够的安全感，到了该独立的时候，他就能主动地走向独立。作为孩子最信任的人，父母最应该做的，不是控制孩子的需求，而是理解他们，视情况而定，然后再决定是即时满足，还是延迟满足，或者不能满足。当然，无论孩子的要求是否合理，孩子都有知情权——他们有权利享受立刻得到满足的快乐，也有权利知道需要等待才能获得满足的原因，还有不能得到满足的原因。明白原因,才能帮助他们成长,帮助他们养成良好的自控能力。

另外,父母还需要学会正确的"延迟满足"训练。让孩子学会等待,晚上孩子想吃水果,可以告诉他:如果先洗完澡,就可以吃水果了。让孩子懂得只有等待才能得到他期望的事物。心理学研究发现,孩子有效的自我延迟满足依赖于个体从使他分心的奖励物上转移注意力。比如,外部分心活动,如孩子在等待的过程中可以玩期望奖励以外的玩具,讲讲故事、唱唱歌、跳跳舞等;内部分心活动,如把自己不能马上吃到的棉花糖想象成黑色的泥巴等。

★ 做好榜样

孩子学习与发展的一个重要途径就是观察模仿大人的言行。家庭是孩子的主要生活场所,父母的一言一行都会对孩子产生直接或间接的影响。一些父母本身就是急脾气,总是因为一点小事而发脾气,发脾气时也不避讳孩子,孩子稍有错误就大声呵斥,在这种家庭氛围的"熏陶"下,孩子很容易就会变得缺乏耐心、浮躁、脾气暴躁等。特别糟糕的是,还有很多父母自己喜欢看电视、玩手机甚至玩游戏,却命令孩子不许多看电视、不准玩游戏,自然让孩子难以信服。

1995年,美国心理学家考克斯卡及同事,通过实验研究将孩子的顺从行为分为约束性顺从和情境性顺从。情境性顺从是迫于外界的压力,是一种由外部动机诱发的外控行为;约束性顺从是儿童发自内心地按照父母的要求、指令来约束和调节自己的行为。共同商定的规则,很容易引发孩子的约束性顺从,这种主动的顺从行为,才能发展为良好的自控力。如果我们必须制定规则,那么父母可以和孩子共同制定。比如,和孩子逛商场,在出门前,可以一起商定孩子可以购买的物品数量,出门后必须遵守。

因此,父母不仅要在日常生活中指导、训练孩子的各种行为,自己更要以身作则,注意自己的言谈举止,做自我延迟满足的表率。其中一个好方法就是针对孩子及父母的各种行为分别列出行为规范,贴在醒目的位置,孩子和父母互相监督执行。

拒绝敏感
与孩子一起成长

★ 刺激控制

所谓刺激控制，就是通过操控引起不健康行为的环境刺激来减少这种行为的发生。比如，父母带孩子外出的时候，避免经过孩子常去的玩具店或食品店。对于喜欢购买玩具或食品的孩子来说，商店往往是引起他们购买行为的一个诱因，如果孩子的自控能力差，往往会经不住诱惑。如果选择一条不经过这些商店的道路或者在路过商店的时候快速跑过，这样就可以避免孩子受到刺激，从而失去对自身的控制。

第 10 章 自控力培养，如何抵制棉花糖的诱惑

> 延伸阅读

为0~6岁孩子自控能力的发展提供支持

儿童的自控能力与他成年后的自控力息息相关。如果缺乏自控力，不但会在孩子早期引发许多不良行为，如攻击性、注意力缺陷、多动等，也会导致孩子长大后诱发一些类似抽烟、酗酒、吸毒、暴力等社会问题。可以说，自控力是孩子自我成长的"秘密武器"，是孩子的一项非常重要的能力，在孩童时代，这种能力会比智商更有助于孩子提高成绩，比情商更有助于拓展社会交往。

对于自控力，尽管我们摸不着、看不到，但它时时刻刻都在影响着孩子的发展和进步。所以，家庭早期教育的一个重要目标就是让孩子学会自律和自我控制，逐渐能够完全支配自己的行为。

☆ 提供能让孩子主动探索的环境

提供充足的空间，让孩子能使用玩具、设备、创造材料和现实的家庭工具。

给孩子提供与发展相适应的和有文化包容性的项目和活动，能让孩子体验到成功，建立自信心。

给孩子提供安全坚固的家具、游戏项目和周边环境。安全的、低的或者开放性的架子，用来摆放他们的个人作品和游戏材料。

☆ 提供让孩子在生理与心理上感到安全的氛围

丰富的互动机会以鼓励对话。

回答孩子提出的问题，并鼓励更进一步的探究。

提供与其他孩子互动的机会，加入同伴群体，这样能让孩子与其他孩子分享并共同解决问题。

与其他孩子一起参与持久的社会性角色扮演游戏。

制定可预见的日程安排来帮助孩子培养时间意识，适当地参与和回应这些日程事件。这样的日程安排满足孩子对食物、水、休息和锻炼的生理需求。

针对孩子短暂但不断扩大的注意广度来调整活动和预期。

提前通知要从一件事转向从事另外一件事。

从任务开始时，就提供其完成任务所需要的时间。

避免长时间的等待。

☆ 让孩子涉及规则、限定和行为标准的制定

制定少量简单的规则，这些规则是真正需要的，并且首先关注最关键的行为。或许三维准则是一个良好的起点：制定规则来让孩子认识到哪些事情是危险的、破坏性的，或者对他人是有干扰和危害的。然后，规则永远都要以积极的方式来制定，告诉孩子该做哪些事情，比告诉他们不要做哪些事情效果要好很多。

解释规则背后的原因，并且让孩子参与关于逻辑性后果以及互惠需要的对话。

分配给孩子与其年龄相适应的家务和任务，需要的时候成人为其提供帮助。家务包括将私人物品放回原处，整理房间或玩具架，给植物浇水或照看宠物。

11

帮孩子培养高情商

孩子的行为告诉我们，只有通过孩子个人的一系列努力才能促进个性的发展。孩子们所做的努力与外部因素没有关系，而主要取决于他们的创造潜能和他们在日常生活中所遇到的障碍。

成人的工作必须从孩子出生起，在他们的个性还没有形成时开始，直到他们的个性完全形成为止。深深植根于人们潜意识中的自然规律，无疑决定了人的心理发展，这对于所有人来说都是适用的。人与人之间的区别大都取决于他们后来生活的不同。因为人在后来的生活道路上会遇到许多障碍，这些障碍又会对人的心理产生各种各样的影响。

——玛利亚·蒙台梭利

儿童时期是培养孩子情商的黄金期

时代发展日新月异，科技助推历史的车轮滚滚向前。但还有些东西并没有发生太大的变化，那就是人与人之间仍然需要接触、需要交流，在遇到一些不愉快的事情时，要学会控制自己的情绪和行为。

人际关系很重要，但有很多人却不擅长此道。他们远离人群，学习成绩不佳，机遇也很少。

为什么有的人拥有健康的情绪，有的人更容易建立成功的关系？更为重要的是，有些天资聪慧的人在生活中处处失败，而一些资质平庸的人却脱颖而出。这就是情商在起作用。

情商是指影响人们了解和表达自己、建立和维护社会关系、应对挑战、有效和有意义地使用情绪信息的一系列情绪能力和社交能力。

情商还包括正确面对事实，有效解决问题，克制给我们制造麻烦的冲动情绪的能力。情商水平高的人具有社交能力强，外向而愉快，不易陷入恐惧或伤感，对事业投入，为人正直，富有同情心，情感生活较丰富但不逾矩，无论是独处还是与许多人在一起时都能怡然自得的特质。

高情商的人善于捕捉他人的想法和需求，并找到他们的强项和弱点，从而与他们进行高效的团队合作。高情商的人在面对压力时不会乱了阵脚，而是会给自己设定合理的有意义的目标并实现它。这样的人浑身充满了正能量，大家都喜欢与之共事。

哈佛大学心理学教授丹尼尔·戈尔曼（Daniel Goleman，1946—）指出，情商（EQ）比智商（IQ）更能影响成功与否，他将情商表述为更易理解和便于操作的五大部分：一是情绪的自知能力，了解自我，能够觉察某种情绪的出现，观察和审视自己的内心体验，监视情绪时时刻刻的变化，它是情商的核心；二是自我控制的能力，能调控自己的情绪，使之适时适度地表现出来；三是自我激励的能力，能够依据活动的某种目标，调动、指挥情绪；四是通情达理的能力；五是处理人际关系的能力。

与情商一起经常被人提及的还有智商,智商是用来衡量一个人的认知、分析、逻辑和推理能力的,因此与语言表达、空间思维、视觉、数理等技能相关。智商测量的是人们对于这些活动的准备程度:学习新鲜事物、专注于任务和练习、记住和回忆客观信息、进行推理的过程、处理数字信息、抽象思维和分析思维、应用已学的知识来解决问题。

如果智商较低,可勤能补拙,但要是情商较低,即使高智商也难以成功,甚至会走向相反的方向。现在的情况是,父母重视智商开发的多,重视情商培养的少。因此,培养出的孩子有很多问题,如性情孤僻不合群、做事霸道、粗野任性、随便打人、不懂友爱团结;集体活动中不懂规则、自控能力差、爱打小报告、遇事情幸灾乐祸等,上述这些都是情商不高的表现。

从成年人的经验来看,高智商的孩子学习成绩好,但走上社会之后成就未必就高,相反,情商高的孩子适应力强,在工作岗位上更受人欢迎,自身幸福指数也高。心理学上的不少研究显示,情商的高低可以解释工作绩效差异的30%,认知智商能解释工作绩效差异的6%。这表明,影响工作绩效的因素中,情商所起的作用大于智商,尤其在某些职业中。

这也告诉我们,要让孩子将来能获得更好的发展,从小就应该加强情商教育,提高孩子的情绪认识、发泄和调控的能力,提高孩子的合群能力和自立能力。

情商不仅由遗传因素决定,更多的是后天教育的作用,它始于胎儿期,但发展成熟于幼儿期。因此,必须重视孩子情商的培养。情商不是一成不变的,可以通过培养或者学习来提高情商。只要方法得当,即使自身情商不高的父母也能培养出高情商的孩子。儿童时期是从不成熟到成熟,从不定型到定型的发展成长时期,是个人生长发展特别旺盛的时期,也是人获得知识、进行学习的最好时期。有很多的父母以为,对孩子的情商教育并不需要刻意为之,孩子长大后与社会接触的越来越多,孩子的情商就会水到渠成。实际上,一个人情商的高低不是与生俱来的,而是取决于后天的培养与训练,能够在后天的环境与教育中逐步得到发展和提高。

婴幼儿期是培养孩子情商的黄金期。只要从小就注意培养孩子的情商,父母就不会为孩子不善于与人相处、不懂得处理自己的情绪、长大了变成"宅男、宅女"等问题大伤脑筋。从儿童时期起重视孩子情商的培养，可以减少青少年时期出现如酗酒、抽烟、斗殴等不良行为的发生。情商能力越出色的孩子，未来在学业、工作、为人父母、夫妻关系、领导力方面就会越成功。

情商不是个性，个性是指一系列特质，这些特质形成一个人特有的、持久的、稳定的行为方式、思维方式和感受方式。可以把一个人的个性看成他看待世界的方式，或者对"他究竟是怎么样一个人"这个问题的简要回答。个性一般不容易改变，但情商可以改变。通过练习，就算性格内向、做事谨慎的人也可以变得自信。

那么，在孩子成长发展中如何培养情商，以下这些方法可供参考：

情商模型

情商组成	具体表现
自我认识	情绪自觉　自我肯定　自我实现
自我表达	情绪表达　独立　坚定直率
人际	人际关系　同理心　社会责任
决策	现实判断　问题解决　冲动控制
压力管理	灵活　抗压　乐观

★ 营造民主的家庭氛围

大量科学实验证明，在民主家庭成长的孩子的成就要高于在非民主家庭成长的孩子。作为父母，应该努力为孩子的健康成长营造民主和谐的家庭氛围。

家是最温暖的港湾，良好的家庭氛围对孩子的成长发展有重要的影响。民主和谐的家庭结构不仅能够强化家庭教育的功能，还能保证家庭教育对孩子情商培养的作用。民主意味着人人平等，每个人都有发言权，每个人都不能特殊对待，孩子也不例外。这首先应该体现在所有家庭成员之间的互相尊重上。生活在同一个家庭里的人，不论辈分，不分男女，都应该平等相处，而不应该颐指气使，发号施令。大人之间表现出来的互敬互爱、民主协商的处事风格，对孩子为人观念的形成是无言的熏陶，也可以使他们通过榜样学到解决问题的有效方法。

在以下这几种家庭中长大的孩子容易出现不同的情商问题：

独断型家庭中长大的孩子，往往存在兴趣和情感的培养缺失，子女与父母的对立情绪浓重。

放任型家庭中的孩子，大多缺少责任感，孩子缺乏承担责任的勇气和向上的动力。

娇惯型家庭中长大的孩子，往往意志软弱，孩子缺乏独立意识和自控能力，对社会和环境的适应性差。

暴力型家庭中长大的孩子，往往性格养成缺失，孩子易形成孤僻、抑郁和执拗的性格。

还有的父母，为了让孩子在人际交往中不吃亏，教会孩子"不择手段"维护自身利益，让孩子过早就学会钩心斗角或极具攻击性等不良行为。比如，决不能让别的小朋友欺负你，自己的东西自己玩，不要给别人玩等，这让孩子的世界里缺少了"友爱"与"信任"。

★ 鼓励孩子发表自己的看法

鼓励孩子发表自己的看法也是民主家庭氛围的一个重要部分，父母要仔细聆听孩子的想法。家里有什么事情，父母多跟孩子说说，听一下孩子的建议，鼓励孩子说出自己的想法与意见，让孩子学着参与决策。

父母要耐心听完孩子的意见，不要随意指责孩子，也不要草率地对孩子的观点给予否认和评论。要对孩子的意见做出积极反应，引导孩子继续思考下去，多说类似"你这个想法很有创意，要是再加一点就更完美了"的话，可以让孩子心情愉快，充满成就感。

如果父母不理会孩子的好恶，喋喋不休地要求孩子"这样做""那样说"的时候，只会使孩子感到厌烦。当父母在唠叨孩子并不喜欢的事情时，父母的话只有两种结果：一是威信贬值；二是扩大了双方的鸿沟，以后难以沟通。

当然，民主也并不是要求父母和孩子绝对平起平坐。在教育孩子时，父母给孩子权利和责任也要随着孩子的成熟一步一步来，在孩子还没有形成自己的判断力的时候，父母需要把握方向。必要时，即便孩子反对，也要坚持自己的立场，但一定要让孩子了解你坚持的理由。

★ 重视孩子处理人际关系能力的培养

友谊是生活中最好的馈赠，正如亚里士多德所言："尽管拥有其他美好的事物，如果没有朋友，人们也不会选择生存下去。"2.5~6岁的孩子开始步入社会性敏感期，他们开始渴望与他人进行交往，但在交往过程中他们并不能自己主动去解决与他人发生的矛盾，这就需要父母的正确引导。

孩子早期在和其他孩子交往的时候，可能会出现想和别人玩但自己又害怕、不好意思等情况，孩子不知道怎样才能加入游戏，有的会拉着妈妈的手露出渴望的眼神……这时候，作为父母，应该鼓励孩子学会开口去跟孩子交流，第一次父母应该做出合理而简单的示范，让他们看看自己是怎么做的，教会他怎么开口，并带领他去小伙伴旁边，鼓励他学自己刚才那样，开口表达。

当孩子试着开口就已经成功了一大步，不管讲得好与坏，都要给予肯定和鼓励，告诉他们这样很棒，告诉他如何做会更好，教他们一些沟通的小技巧，如"谢谢""不客气""对不起"等交际语言，使孩子在交往中待人热情、主动，逐步学会与人交往，学会交朋友；还可以教他们用适当的方式结合身体需要进行沟通，让他们觉得与人交往没那么难，体验到沟通交流的喜悦。

当然，也要鼓励孩子独立去面对和解决自己遇到的人际矛盾问题；当面对困难和挫折时，引导孩子以健康的心态对待，锻炼乐观、开朗、坚强的品质。

心理学研究发现，在和同伴的交往中，如果被同伴拒绝，孩子可能无法学会积极建立友谊关系的行为技能、亲社会的态度，以及其他人际关系相关的能力要求。受到同伴忽略的孩子，通常在团体场景中表现出退缩行为，他们可能长时间独立玩耍，没有表现出与他人互动的愿望，而在希望与他人互动的时候也未表现出交往的能力。他们可能表现出害羞、焦虑和畏惧，并对他人表现出更多的消极表情而非积极表情。

对于害羞、退缩的孩子，可通过向他们提供与一至两个相处融洽的孩子互动的机会进行引导，有时候也需要进行必要的协助和指导，以改善这一友谊建立的过程。应当为害羞的孩子安排一个年龄更小的玩伴，这可能有助于他在人际互动中树立信心。有时候需要通过指导帮助孩子接近、加入并融入团体。教导孩子以积极的方式回应他人发起的互动，帮助孩子学会以自信的、非攻击性的方式表达自己的喜悦和不悦情绪等同样有助于他们适应并享受与同伴的互动。

★ 培养孩子乐于助人的习惯

对助人行为给予指导，有助于亲社会行为的形成，"我想要你帮助弟弟拼积木"或者"把你的饼干分给妹妹一些吧"。父母还可以将孩子的助人为乐行为归因于孩子的内在性格，如："你是一个乐于助人的好孩子。"

让孩子帮助其他人做事情。让他们分担常规的家务劳动，如帮助烹饪和清洁，照顾宠物或者照看弟妹等。

父母要塑造为他人考虑的榜样。父母的言行举止是孩子的榜样，如果父母平时就乐于助人，孩子看在眼里，也会变得大方和周到。

★ 引导孩子的独立性

孩子获得独立越早，就越早迈向自由。一般情况下，孩子在2岁后，随着他们身体的发育，心理能力的不断提高，大多数孩子已经可以在父母的帮助下，逐步学会自己吃饭、穿衣、收拾玩具等，逐渐建立独立意识。

现在有很多的独生子女在家中都是以"小皇帝""小公主"的角色成

长着,大多数的父母都会采取"保姆式"的养育方式对待孩子,导致大多数孩子都缺乏独立性,在遇到事情和困难时不会去主动解决,只会寻求父母的帮助。父母这种对孩子的过度关爱,反而是一种对孩子的奴化,因为这很容易窒息他们自发的活动和独立自主的意识,扼杀他们的主动性和创造性。因此,父母应学会放手,给孩子一定独立的空间,让他们自己去面对这个社会,去面对人与人的冲突,这样孩子才会具有独立性,为今后顺利地融入社会打下良好的基础。

当然,引导孩子的独立意识是一个循序渐进的过程。在这个过程中,父母不能操之过急,不要因为孩子没有做好某件事而求全责备。对于孩子独立去做的事情,只要他们付出了努力,即使结果不理想,也要给予认可和赞许,从而使孩子感受到劳动的乐趣和独立做事的快乐。更为重要的是,要使孩子产生"我能行"的感觉,这种感觉对孩子至关重要,它是孩子独立性发展的动力。

★ 积极疏导孩子的负面情绪

孩子和成年人一样,在生活中难免遇到挫折,产生负面情绪,他们也会郁郁寡欢、怒不可遏、无理取闹,这很正常。所以,作为父母,要懂得合理引导孩子将负面情绪转为正面动力。

当孩子受负面情绪困扰的时候,父母应当尽量避免加重孩子的负面情绪,如果父母每次都表现出不快的情绪,那么孩子就会尝试把不满、忧郁积压在心中,这容易导致孩子以异常的心理或行为表现出来,甚至出现打人、骂人等攻击性行为。比如,当孩子生气时,父母可问孩子:"你在生气吗?"直接让孩子知道他现在是处于什么样的情绪中,当孩子能理解自己的情绪后,他才能理解别人的情绪;之后父母可接着说:"我知道你在生气,让我们都安静一下。"这主要是让孩子知道自己的情绪是被理解的。

父母要给孩子一个合理的有限制的选择,对于孩子的无理要求,父母要懂得拒绝,勇于说"不"。有的家庭全家人围着一个孩子转,溺爱导致孩子的任性,要什么就给买什么。这样的宠爱,会使孩子长大后发生很多问题。很多被家人宠爱的孩子在上学后只有得到老师的关注,才会好好学习;如果老师忽略了他，就会失去兴趣和信心。这样的孩子在学习方面，尤其在数学方面常常表现不好，他们往往对定式和规则记得很熟练，可一旦运用，就不知道如何下笔了。

教育家蒙台梭利认为，孩子的自由应限制在集体利益的范围之内；孩子自由的形式，应表现为我们普遍认为的良好的教养。对于孩子表现出来的任何侵犯或干扰他人的行为，或任何无礼粗暴行为的倾向，我们都必须加以制止。如果在孩子很小的时候（6岁之前，最晚不超过10岁）就适时拒绝孩子的无理要求，尽管当时孩子会因此而难受，甚者会哭得在地上撒泼打滚……但事后孩子可能就忘掉这件事情了。

如果等到孩子长到12岁进入青春期之后再对他说"不"，孩子肯定不会再以简单的哭、满地打滚来发泄情绪，他可能选择更加极端的方式发泄，因为他已经有了对付你的各种能力和选择。因为孩子这时候知道父母爱他，他会利用父母的爱去威胁父母，但他其实并不知道死的真正含义。

★ 学会表达情感

在我们传统的观念里，一旦孩子开始哭了，父母就必须马上想尽办法哄他们高兴。但是，这种传统的做法恰恰会成为限制孩子情商发展的障碍，因为这种看似保护孩子的行为，实则限制了孩子对于情感的表达。

对于嗷嗷待哺的婴儿，哭是一种很重要的语言，往往代表他饿了或是冷了、热了。但是，随着孩子日渐长大，语言功能开始逐渐发展起来，哭开始代表了另外一种需要，比如，有的孩子在商场看到了一件自己非常喜欢的玩具，而父母不肯买，这时孩子开始用哭来表示抗议，最后父母为了尽快制止他的哭泣只得妥协，让孩子高兴。这其实是一种非常错误的做法，因为这种行为会传递给孩子一个错误的信息：哭成了达到一定目的所使用的一种手段，进而失去了情感的功能。正确的做法是，当孩子有了各种情绪，父母要引导孩子多用口头语言来表达，不要选择肢体语言或沉默，用口头语言表达不仅可以传达得更清楚，还能让人很快明白意思，有利于孩子的人际交流和沟通。

延伸阅读

不同家庭教养风格对孩子的影响

发展心理学的大量研究表明：孩子社会化进程中出现的问题，大多是由人际互动，尤其是来自家庭的人际互动困扰造成的。有研究发现，家庭气氛越紧张，孩子越容易出现品行问题，家庭气氛越轻松，越有利于孩子正常行为的形成。

好的环境，会把孩子培养成善良的、感觉敏锐的人；恶劣的环境，会把孩子培养成积习难改、感觉迟钝的人。这里良好的环境并不是指超大的房子、豪华的设备等物质条件，而是愉快的、温暖的家庭氛围。家庭成员彼此冷漠，即使房间装饰如何漂亮也不能算是一个能培养好孩子的家庭。比如，父母整天在孩子身边吵架，流露出夫妻关系不和的情绪，那么，孩子也会自然地适应这种环境，逐渐成长。等孩子在长大后结婚时，也会在内心做好夫妇吵架的准备。

为了尽力把孩子培养成心地善良、感觉敏锐和能力强的人，家庭日常生活应该是欢乐的、充满爱心的，这是首要的条件，创造夫妻之间互相尊重、互相帮助的良好的家庭环境乃是幼儿教育的首要出发点。

父母对孩子的教养行为归类为专制型、权威型、宽容型和放任型四种。种瓜得瓜，种豆得豆，在不同教养方式的培育下，会产生相应的孩子行为模式。

专制型父母多坚信"棍棒出孝子""不打骂不成器"的教育理念，他们要求孩子顺从父母，听大人的话，孩子的一切行为都要按照大人的规矩来，他们还会通过惩罚或威胁来强制执行各种规矩。

权威型父母是以尊重的、有启发性的、一致的并且可预测的方式提出合理且符合逻辑的限制。他们对孩子的要求也有很高的期望，但他们对不同的行为会进行奖惩来实现他们对孩子的高期望。权威型父母不但对孩子高标准严要求，还会给孩子温暖和尊重：他们非常愿意倾听孩子的想法和感受，创造民主的家庭氛围。在与孩子交流的时候，他们会强调过程和推理，耐心解释，以帮助孩子认识自己的行为后果。

宽容型父母则很少给孩子立规矩，任何事情都是由着孩子的性子来。他们相信孩子自己能处理各种面对的问题。

放任型父母则是完全忽视孩子的一切，表现得很冷漠。这一类的父母大多生活压力大，没有精力和时间来教育孩子。

研究发现，拥有权威型父母的孩子更为自立、自控、友善，显示出更有合作性的行为。他们更为好奇和乐观，相比于其他孩子，他们能更好地应对压力。父母用权威型风格抚养长大的孩子往往比较自信、独立和富有热情。总体而言，他们更加快乐和成功，且不会惹麻烦。那些被父母用宽容型风格和放任型风格抚养长大的孩子往往不太成熟，更加冲动和依赖，要求也更多。被专制型父母抚养长大的孩子往往比较焦虑，没有安全感。

正面情绪扩展和构建孩子智力、社会和身体的资源，这使他长大后更容易获得幸福感。许多运用因果关系法进行的研究都表明，那些拥有积极情绪的人更长寿，更健康，抗病毒的能力更强，请假时间更少，事业更成功，更具创造力，婚姻也更幸福。对来自同一个家庭的孩子的研

父母对孩子的教养模型

风格	情感卷入	权威性	自主性
专制型	父母是冷漠的,不理睬孩子的需求,经常贬低孩子。	父母的要求非常高;可能通过吼叫、苛求和批评对孩子施以高压,并依赖惩罚来教育孩子。	父母替孩子做了绝大多数的决定,几乎不会听从孩子的意见。
权威型	父母让孩子感到温暖,关注孩子的需求和兴趣,并能做出敏感的反应。	父母根据孩子的成熟水平提出合理的要求,然后向孩子解释并执行规则。	父母允许孩子进行与其发展水平相符的决策,并能够倾听孩子的观点。
宽容型	父母让孩子感到温暖,但可能宠坏孩子。	父母对孩子的要求很少或没有,这通常是由于父母过度担心孩子的自尊心会受到伤害。	父母允许孩子自主决策,没有考虑孩子是否具备了相应的决策能力。
放任型	父母对孩子没有情感卷入,对孩子不闻不问,毫不关心。	父母对孩子的要求很少或没有,这通常是由于父母对孩子缺乏兴趣或期待。	父母对孩子的决定和观点漠不关心。
压力管理	灵活	抗压	乐观

究表明,性格比较开朗的孩子更有可能获得大学学位,被录用,获得升迁。积极的情绪也会激发创造性的思维,提高人们解决冲突的能力。另外,当他人看到我们的好情绪时,便会觉得我们更有魅力。

积极情绪是培养出来的,它不像消极情绪那样让我们集中身体的资源去打退逼近的威胁,积极情绪帮助我们成长。培养孩子的积极情绪有三个教养原则:第一,积极情绪扩展并建构了孩子的智力、社会和身体资源,使他长大后更容易立足于社会。第二,鼓励孩子的积极情绪,使他早早启动向上的螺旋,以获得更多的积极情绪。第三,对待孩子的积极情绪要像对待消极情绪一样严肃，对待他的优势要像对待他的不足一样上心。

当幼小的个体体验到消极情绪时，他们会躲避。如果没有安全的地方可躲，他们便会僵住不动，一旦觉得安全了，又会跑出来继续探索。进化使小动物在感到安全时能感受到积极情绪，并使它们向外扩展它们的经验和资源。

把一个10个月大的婴儿放在堆满玩具的毛毯上时，他一开始会非常小心，甚至不敢动，每隔几秒钟便回过头去看一下妈妈在不在，一旦确定安全后，他便会爬过去玩玩具。这就是安全型依恋。有安全感的孩子会更早开始探索和控制环境，但如果危险出现，而妈妈当时又不在时，消极情绪便会冒出来。孩子会根据自己有限的资源去寻求安全。

12

专注力，决定孩子的成绩

我们都知道人类在做任何一件事情前，首先要学会的事情就是专注。因为人类具有专注的倾向，可以控制自己想要学什么不想学什么，自由的意志力决定自己要专注于什么。其实，很多人都以为很小的孩子是没有办法专注的，但是如果我们把有吸引力的物体放到孩子面前的时候，就会发现，孩子会注意那个物体，并且会注意很久。所以，作为成人，我们的一项很重的任务就是帮助孩子去维持他们与生俱来的人类倾向——专注，而专注力的培养就是选择他们感兴趣的事情。

蒙台梭利发现，孩子在敏感性的引导下，依靠一种内在的力量，对环境中有意义的事物产生兴趣。当孩子的注意力集中于某一物体，不停地重复摆弄这件物体时，他的心理处于一种安全、放松的状态。这时我们没有必要担心他们，我们要做的就是满足他们的需要，排除他们可能遇到的障碍。

集中注意力对孩子来说是一件非常高兴的事。他不再关注周围的其他事物，犹如成了一位隐士。孩子的注意力被吸引，并通过真实的工作方式，促使注意力高度集中，逐步达到精神上的专注。孩子的个性逐渐在这一过程中诞生了。当他从所关注的事物中走出来时，世界对于他们来说充满了新鲜感。他也变得对人和事物充满了爱。

专注力比知识渊博更重要

专注力是一种大脑的认知功能,是对一定对象的选择和集中注意力,它是把一个人的听觉、视觉、触觉等感官集中在某一件事情上,从而达到快速、准确地认识或完成这件事情的目的。虽然专注力不是独立存在,但人的感知、记忆、想象、思维等认知活动都离不开它。

在互联网时代,能否集中注意力也许比知识渊博更为重要。过去,知识是一种内在的财富,而手头上的工作则是外部施加的。在互联网时代,知识可以从外部供给,注意力却必须内在拥有。现在,对于一个公司职员来说,能否集中注意力也许比知识是否渊博更为重要,因为邮件、手机、个人社交网站等任何地方都有让你分心的事情。因此,孩提时代是否养成良好的专注力,不但关乎孩子未来的成绩,更关乎在职场的发展。

根据教育家、心理学家和神经学家的实验和研究,人的大脑在出生后一年内发展最快,1岁以内的宝宝已经能够很好地感知外部世界的变化。而这段时间对于宝宝集中注意力的培养,对他以后的学习、思考,甚至是大脑和智力的发育都起到非常重要的作用。

注意力最主要的来源是兴趣,它是依靠兴趣聚集起来的,注意力是兴趣所引发的外力。常常听有的妈妈说:"宝宝不停地换玩具,注意力一点也不集中,想教他学点东西,可他根本就坐不住。"其实,只要适当引导,就可以帮助孩子培养专注力。

★ 有意注意和无意注意

注意力可分为有意注意和无意注意两种,前者有预定目的,知道自己正将注意力投向何处,它需要一定意志努力地注意,是一种积极主动的形式,比如读书、写字等。无意注意是指没有目的的注意,也不需要任何努力,并不知道自己在关注什么,这种注意往往是由某些新奇的、强烈的、变化着的刺激所引起的，比如孩子看动画片时聚精会神的状态，就是无意注意。有意注意是由间接兴趣所引起的，无意注意是由直接兴趣所引起的。孩子的无意注意与有意注意都在不断发展，但无意注意占优势。

任何工作或学习，都应该将有意注意和无意注意互相利用才能取得良好结果。只靠有意注意而没有直接兴趣的工作或学习是很吃力的，也是难以持久的。工作或学习，坐久了总会产生厌烦情绪，所以只靠无意注意也是难以持久的。

评价专注力的优劣，可以从四个方面进行：一是注意力分配。即在进行两种或多种活动时能把注意力同时指向不同的对象。人们常说"一心可以两用"，如边听音乐边搭积木。二是注意的稳定性。注意力能较长时间保持在某个对象上，在一段时间内高度集中。三是注意的广度。也就是注意力所涉及的范围，是指人们对于所注意的事物在一瞬间内能够清楚地把握的对象的数量，如"眼观六路"就是指注意的广度。四是注意力的转移性。就是当一件事情干完后，能很快投入精力到下一件事情上，比如刚做完运动马上就可以读书。

★ 孩子专注力的发展规律

孩子的专注力是与生俱来的，但太脆弱了，以至于稍稍有一些不恰当的影响就会破坏它。孩子的专注力与成人相比，存在明显差异。成人对某件事情的专注力就好像"探照灯"一般，所有光源全部集中在这个事情的细节上面，与此无关的信息会被大脑自动屏蔽；孩子的注意力则如"散射光"，除了关注某件事情外，其他新鲜的、有趣的信息也会被大脑所关注。这主要与他们的脑部前额叶尚未发育成熟有关。

研究发现，孩子专注力的发展呈现出明显的阶段性，出生2~3个月的婴儿由于条件反射的出现，已经能够比较集中地注意人的脸和声音，看到色彩鲜艳的图像时，他们能比较安静地注视片刻，但时间很短。5~6个月大的孩子能比较持久地注意一个物体，但对一个现象集中注意只能保持几秒钟。1岁以内的孩子的专注力基本处于不稳定状态，注意都以无意注意为主。

2岁时，孩子能精确地、主动地听故事，这个时期的孩子出现了有意注意的萌芽，逐渐能按照成人提出的要求完成一些简单的任务。

在3岁左右，孩子的有意注意能够持续3~5分钟。4岁的时候，有一些专注力比较好的孩子，有意注意可以达到10分钟。到了5~6岁，有意注意可持续15分钟，在7~8岁时，小学一二年级的孩子有意注意可以稳定在25分钟左右；11~12岁有意注意就发展到了成人的水平，能够稳定30分钟。当然，这只是一个平均值，每个人的注意力长短不一，与人的心理素质、环境因素、教育等有一定的关系。

专注力是孩子学习有成效的前提，孩子在学习的过程中，首先要有高度的注意力，一个学习不专心、上课总是开小差的孩子是很难取得好成绩的。成绩差就失去了学习的兴趣，产生厌学情绪，进而陷入恶性循环的境地。

孩子注意力不集中多表现为多动不安。活动次数明显超过正常水平的行为，叫做多动，这属于幼儿期常见的问题行为。比如，孩子很难在某一区域固定活动，总是跑来跑去，很难遵守规则，难以完全融入任何一项活动。

孩子的专注力可以通过训练来提高，日常生活和学习中，父母可以有意识地锻炼孩子的注意力。

★ 培养倾听能力

能否集中注意力倾听，关系到一个人对知识的吸收和积累，特别是在小学低龄阶段，能否养成良好的倾听能力至关重要。要培养孩子的倾听能力，父母要避免长篇大论的说教，也不要在孩子一走神的时候便训斥孩子，这样做的后果只能是惹得孩子厌烦。

有的父母对孩子出现的问题会不断唠叨，生怕孩子记不住，结果可能是孩子最后真把他们的话当"耳旁风"，孩子也越来越"不听话"。

有的父母则是越俎代庖，怕孩子记不住老师布置的任务，直接不用孩子记老师安排的内容，而是每天自己去询问老师，这样导致孩子直接失去在学校认真倾听的一次机会。这些行为应该及时纠正，并因势利导。要提高幼儿的倾听能力，正确的做法是父母多给幼儿提供倾听和交谈的机会。比如，经常和幼儿一起谈论他感兴趣的话题，或一起看图书、讲故事。

在和人交流的时候，大人要耐心倾听别人（包括孩子）的讲话，等别人讲完再表达自己的观点。与孩子交谈时，要用孩子能听得懂的语言。对孩子提要求和布置任务时要求他注意听，鼓励他主动提问。

对孩子讲话时，注意结合情境使用丰富的语言，以便孩子理解。比如，说话时注意语气、语调，让孩子感受语气、语调的作用。如对孩子的不合理要求以比较坚定的语气表示不同意。讲故事时，尽量把故事人物高兴、悲伤的心情用不同的语气、语调表现出来。

根据孩子的理解水平有意识地使用一些反映因果、假设、条件等关系的句子。

★ 减少电子产品的使用

在当今的"移动互联网"时代，智能手机大规模普及，很多父母发现用手机来"哄"孩子是一件很容易的事情。只要给孩子下载几个电影或者游戏，父母就再也不用担心孩子在身边大吵大闹了，也不用无数遍地回答孩子提出的各种古怪问题。但电子产品的使用，也导致孩子注意力越来越难以集中，精神越来越涣散，对新鲜事物的兴趣也越来越淡。

电子产品所能提供的有趣的新异刺激，往往比课堂上的内容更吸引孩子们的注意力。注意力资源是有限的，当孩子们把太多的注意力放在电子产品上，必然会影响其正常的学习生活。孩子沉迷于电子游戏，大大减少了正常的学习类游戏的时间。电子阅读体验和纸质书有很大不同，纸质书籍使我们集中精力阅读，把我们从充满干扰的生活中隔离出来，而电子书相反，它注定会使人们的注意力分散。

据媒体报道，2007年，美国华盛顿大学公共卫生学院孩子健康研究所的弗雷德里克·齐默曼教授与同事调查了1000多名父母，发现使用开发智力的软件，对2岁以下孩子的正常发育并无好处，还可能影响到他们学习文字的能力。2008年，来自英国的研究发现，14岁少年的"高层次思考"能力，只抵得上1976年时12岁孩子的水平，而这与电视和电脑游戏的普及以及学校频繁考试都有关系。

更有许多心理教育和医务工作者在实践中发现，使用电子产品过多的孩子，控制能力差、注意力不集中，他们对环境刺激的敏感性低，自我控制水

平低，意志力薄弱，且易情绪不稳。首都儿科研究所神经内科副主任医师朱彦丽说，过早、过多接触电脑、电视，还有导致多动症和抽动秽语综合征的可能。所以6岁以前的孩子，要尽可能不玩电子游戏、看动画片和电视。

★ 减少干扰，创造安静有序的家庭环境

孩子的专注力与周围的环境关系密切，因为正处于好奇心强、喜欢探索的阶段，专注力稳定性差，有时候外界稍有风吹草动就能干扰他们的注意力，这是学龄前孩子的普遍特点。父母应根据这一特点，排除各种可能分散孩子注意力的因素，减少干扰，为孩子创造安静、整洁的环境。在孩子做工作或者看书的时候，父母不要开电视或手机视频，以免打扰孩子。在安静的环境中，孩子的心自然会安静下来，从而能够专心投入自己所做的事情。

家里的干扰因素多，还导致孩子容易分心，而分心需要支付转换成本。转换成本是指，从一个任务转切到另外一个任务所需要耗费的注意力能量。每次转移注意力，都会消耗脑力资源。当一个人停下手头的事情去吃东西、看电视时，都在消耗自己的注意力能量。如果孩子经常这样做，他的注意力资源就会迅速减少，导致更难以将注意力集中在应该做的事情上。

当孩子全神贯注地做某件事时，成人不应随意地去打扰孩子。比如，当孩子正聚精会神地做自己喜欢的工作的时候，一会儿妈妈走过来问孩子饿不饿，一会儿奶奶又走过来摸摸孩子的头，夸孩子棒……短短几分钟的活动时间被大人们打断数次，时间一长，自然无法集中注意力。

除了安静的环境，家庭秩序也很重要。如果大人没有养成良好的生活习惯，东西随便乱放乱丢，没有规律的作息时间……这种做任何事情都毫无秩序、主次不明的氛围，会使得孩子毫无秩序感，自控力就会变差，专注力难以提高。

★ 从孩子的生理发育出发

正如前面所述，孩子的专注力是有时间界限的，不同年龄段的孩子有意注意的时间不同。有一些父母为了提高孩子的注意力会采取强制的办法，就

是在孩子的身边"站岗放哨",强迫要求孩子持续做一件事情。这种方法并不是特别有效,而且长期下去会使孩子产生逆反心理或烦躁情绪。比如,一个6岁的孩子的有意注意能持续15分钟左右,如果父母强迫他持续学习1个小时,这显然是不科学的。

★ 专注力训练

父母要注意适当地给孩子表扬和鼓励,不要责骂孩子使其产生厌烦情绪。此外,一些特殊的训练也有助于提高注意力,比如,舒尔特方格(Schulte Grid)训练法,它不但可以简单测量人的注意力水平,而且是最专业、最普及、最简单的注意力训练方法。另外,还有类似一些找不同、穿越迷宫等游戏也有助于提高孩子的注意力。

舒尔特方格

9	11	25	17	3
15	22	7	20	13
5	19	23	2	14
8	1	12	10	4
18	16	6	24	21

舒尔特方格由大小为1cm×1cm的25个小方格组成,格子内任意排列1~25共25个数字。测试的时候,要求被测者用手指按1~25的顺序依次指出其位置,同时大声读出来,施测者一旁记录所用时间。数完25个数字所用的时间越短,注意力水平就越高。

7~12岁的孩子,数完25个数字所需时间在26秒以内的,注意力为优秀。在26~42秒之间的,注意力属于中等水平,在50秒左右的则表明孩子的注意力问题较大。

第 12 章 专注力，决定孩子的成绩

18岁及以上成年人最好可达8秒的水平，25秒为中等水平。舒尔特方格不但可以用来测试注意力，还可以作为提高注意力的训练方法。

开始练习时，孩子达不到相应的标准，大人切莫急躁。对于幼儿园和低年级的孩子来说，可以从9格开始练习，当孩子感觉熟练或比较轻松达到要求后，再逐渐增加难度。中高年级的孩子可以从25格开始练习。如果孩子有兴趣可以继续提高练习的难度，逐渐增加到36格、49格、64格、81格的舒尔特表。

训练的时候，要求孩子身体坐直，保持眼睛与表格的距离30～35厘米，用眼睛的余光来看其他的数字，在所有字符全部清晰入目的前提下，按顺序找全所有数字。注意，不要顾此失彼，因找一个字符而对其他字符视而不见；也不要一行或一列地扫视。在用手指点数字的时候，视点不要跟随手指移动。尽量减少眨眼次数。

为了避免同一表格的反复使用而产生的记忆效应，需要使用不同难度、不同排序的舒尔特表，每套10张。同一张表不能连续使用三次。每天训练 5～10分钟或看10个不同的舒尔特表。点完所有数字所用时间连续10天都无法继续提升时，就可以调高级别了。

★ 婴幼儿专注力的培养

1.用色彩鲜艳的卡片或玩具吸引孩子的注意力。孩子对色彩鲜艳的东西格外敏感，这些东西有助于提高他们的兴奋度，促使他们保持长久的注意力。

2.用语言引导孩子。1岁以内的孩子，对声音，尤其是爸爸妈妈的声音非常感兴趣。

3.给孩子留出自己的时间，每次不超过15分钟，让孩子有自己玩的空间和时间，不要打扰他。

★ 培养孩子专注力的几个误区

在孩子集中注意力干一件事情的时候，不要打扰他。比如，孩子在画画的时候，大人不要在旁边放动画片或者快节奏的音乐，更不要在孩子的身边指指点点他应该怎样，而是给孩子自由独处的时间，不打断孩子。

每次让孩子集中注意力的时间不宜过长,时间过长孩子会感到疲劳。每日给孩子学习的东西不要太杂,一会让他认字,一会让他数数,这样做,只会分散孩子的注意力。最好的方法是每次只做一件事,有利于集中精力。

不要让3岁以内的孩子看电视。孩子在6~9个月大的时候就会对电视产生兴趣,过早让孩子看电视,可能对他的语言、注意力和认知能力产生负面影响。

要保证孩子足够的营养。某些营养素缺乏也会导致孩子的注意力不集中,比如缺锌、缺铁。

第12章 专注力，决定孩子的成绩

专家支招

※ 蒙台梭利关于注意力的建议 ※

玛利亚·蒙台梭利认为，"孩子成长中最重要、最基本的就是注意力集中。"注意力对孩子学习的重要性不言而喻。集中注意力是孩子成长发展中的一个重要问题，孩子的社会行为以及性格形成，都是以此为基础展开的。怎样集中注意力是每个孩子都一定要学会的。其实，孩子注意力是一个不断发展的过程。研究发现，2～3岁时，孩子能够专注的时间是10分钟；5～7岁时是15分钟；7～10岁时是20分钟；10～12岁时是25分钟；到了13岁以后是30分钟。

孩子内心深处的纪律性（注意力）是后天形成，而非先天具有的，跟家庭氛围、日常生活习惯、孩子心理状态等因素关系密切。作为父母，最重要的任务就是为这种纪律性的形成指明方向。在人们的传统观念中，纪律就是通过成人和教师的"严加管教"来压制孩子顽皮的天性，而蒙台梭利认为，这样的纪律只会使孩子遭受痛苦，扼杀他们的天性。孩子能够将注意力集中于对他们来说具有吸引力的事物时，就说明他们已经具有了纪律性。

真正的纪律是建立在自由的基础上，当然，自由并不是说让孩子放任自流、肆意妄为，而是在特定的条件下给予他们更多自由选择和活动的权利，让他们在有秩序的活动中养成良好的习惯。同时，当孩子专注于某件事的时候，成人不应打扰他们，只需观察他们，并为他们创设相应的条件。

只有有利于孩子自由活动的环境，才能最大限度地激励孩子主动探索，以促使他的内在需求不断被满足，进而促进内在专注力的建立。

成人会发现，当我们刚刚准备好孩子所需的适合他们身形大小的家具，就会发现孩子喜欢在这个环境中活动，并会发现他们的活动有序进行，且能持续很久。作为孩子，他们的运动受意志力的支配，他们能成功地独自工作，没有危险，他们知道想要什么。如果我们能为他们提供这样的场所，我们就能发现那些总不高兴的"淘气包"变成了"快乐的工人"，大家公认的"破坏者"变成了对自己身旁物品精心的保护者，原先吵闹、不守纪律的孩子变成了心境平和、严守纪律的"正常人"。

父母要善于识别孩子的注意力集中的宝贵时刻，以便在阅读、书写、数数等教育中加以利用。培养专注力，就要利用孩子的内在力量，刺激逐渐增强。开始使用容易被感官识别的教具，比如，能让孩子感兴趣的大小不同的插座圆柱体，有待排序的颜色不同的色板，能发出不同声音的玩具等。之后，可采取字母表、数字、阅读、语法、绘画等，来构建孩子的知识。

孩子不仅需要触摸东西，使用东西来工作，还需要活动的连续性，这对孩子的人格确立具有重要意义。成人不再注意日常生活中的活动的连续性，当他们在清晨起床时，他们知道先做什么，后做什么，这一切仿佛是生活中最简单的事情。活动的连续性似乎是自动的，人们不再注意，正如人在呼吸时，没有想着心脏在体内跳动，也没有发现心脏在跳动。孩子需要构建这种秩序。

成人千万不要自以为是地为孩子制订活动计划，比如，孩子正在游戏，大人来了，想让他去散步，于是给他穿上衣服就出门去了；或者孩子正在干活，正忙着把小石子装在小桶里，此时家里来了客人，妈妈就上去终止孩子的工作，带孩子招待客人。这些做法不利于孩子的专注力的培养，并且会让他们觉得自己的行为没有丝毫价值。

13

记忆力，早期经验可增长未来潜力

成人是用大脑去学习知识的，而孩子却是在一种心理能力的作用下直接地吸收知识的。孩子有一种天生的能量，促使他通过吸收性心智适应当下的时代与文化。这就是人类漫长童年存在的意义。

　　孩子是自我的创建者，刚出生的孩子从精神到物质一无所有，但拥有巨大的发展潜能，直接把知识转化为心理能力。知识不仅仅进入大脑，而且促使大脑的形成，形成了大脑的一部分。孩子通过他们周围的环境，建立了他们的精神世界，我们称这种心理现象为"具有吸收性心智"。这是人类的创造本能，这种创造力促使人逐步地完善自己，直到他能够适应自己的时代和社会。

　　在孩子生命的前几年，他们通过这种与生俱来的能力，如同海绵汲水般从周围的环境中吸收各种信息，不仅与世界建立联系，而且会形成自己的个性和行为模式。

——玛利亚·蒙台梭利

第 13 章 记忆力，早期经验可增长未来潜力

童年教育会给智力发展"添砖加瓦"

记忆是人的大脑对外界所输入的信息进行编码、贮存和提取的过程。现代医学研究表明：成人的脑重在1200～1500克。孩子的脑重量在出生时约为390克，3岁时增长到1000克，7岁时为1280克，已接近成人1400克的水平，之后就非常缓慢了。脑的重量男性比女性稍大，并与体重无关。

大脑含有约140亿个神经细胞（也称神经元），约占脑细胞十分之一，剩余的九成称为神经胶质细胞。大脑的存储量大得惊人，按照科学家的估算，理论上大脑存储的信息量可藏5亿本书的知识容量，这相当于藏书1000万册的美国国会图书馆50倍。如果一天读一本书，要不间断地读136万年才能装满一个人的大脑。

脑部发育的真正要务在于神经突触的形成，而且突触形成是时间持续很久的过程，突触是细胞与细胞之间的通信交流点。大脑皮质里的100亿个细胞的突触形成，比其他部位的细胞都晚，不但整个怀孕期中都在进行，还持续到婴儿出生后的第一年，某些区的突触形成甚至延至出生后的第2年。刚出生时，大脑皮层的每个神经细胞大约有2500个突触，突触的数量在2～3岁时达到高峰。在突触形成的巅峰期，每个脑皮质神经元产生大约15000个突触，等于在怀孕第2个月至婴儿2周岁之间，以每秒钟形成180万个新突触的速率在进行。

神经元为了应付大量突触形成的需求，必须扩张自己的树状突表面，将近83%的树状突，是在婴儿出生以后生长。在这个生长期间，脑的发育如同群树要长成森林，每株树苗都为了争取吸收阳光的机会，而向上向外扩伸。

婴儿出生后，不会添加新的神经元，出生时与6岁时的神经元数量一致，新的树状突和突触却在幼儿期急速增加，使大脑皮层变厚，其中神经网络也大量错综生长，让脑细胞形成"互联网"。下图为脑前叶的皮质前眼区，是皮质内负责记忆与情绪的重要区域。

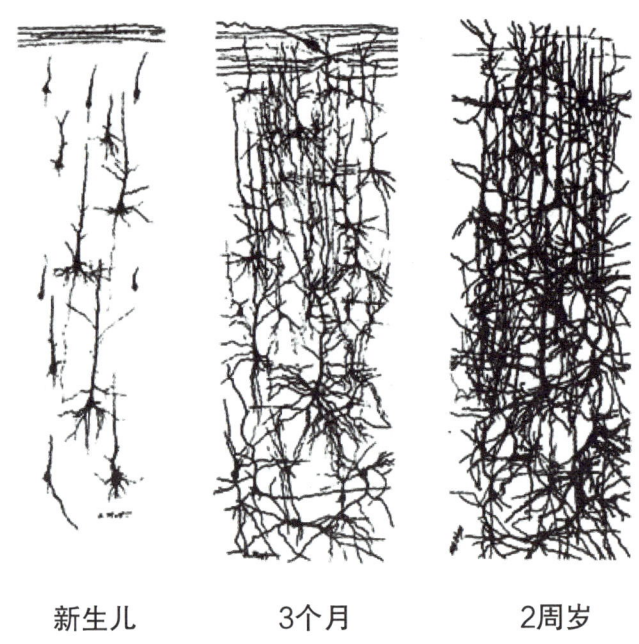

　　新生儿　　　　3个月　　　　2周岁

　　记忆力属于一个人智力的一部分，智力还包括观察力、想象力、思维力，发展速度各不不同。

　　美国心理学家布鲁姆的研究认为，如果以17岁时的智力水平为100的话，那么，孩子从出生到4岁已经发展到50，4～8岁又获得30，最后从8～12岁获得余下的20。

　　智力随着年龄的增长而增长，但到一定年龄时，智力趋于停滞，并保持较长时期的稳定，而后又随着年龄增长而下降。韦克斯勒在编制成人智力量表时，对1700人进行的测试结果分析，发现20～34岁为智力的高峰，以后缓慢下降，60岁以后迅速下降。

　　在韦克斯勒的测试中，背数和译码测验样本年轻的成人占优势；速度敏捷性和应用短时记忆的能力在20～30岁达到高峰；有关常识、理解、概括、推理能力的测验往往随着年龄而增长，比较和判断力在50岁开始急速下降；动作反应速度18～29岁发展到高峰；在知觉速度和效率以及机械识别记忆上50～60岁的人不如年轻人。所以说，各种能力在发展速度上是不平衡的。

第13章 记忆力，早期经验可增长未来潜力

不同能力的平均发展水平

年龄	10～17	18～29	30～49	50～69	70～89
知觉	100	95	93	76	46
记忆	95	100	92	83	55
比较和判断	72	100	100	87	69
动作及反应速度	88	100	97	92	71

注：100表示最高水平，其他数字是和最高水平的比较

以感觉器官的主导作用为根据，记忆类型可分为视觉型、听觉型、运动型和混合型四种。视觉型的人视觉记忆效果最好，听觉型的人听觉记忆效果最佳，运动型的人有动觉参加时记忆效果最理想，混合型的人用多种感觉通道识记时效果最显著。

以识记材料的性质为根据，记忆又可分为直观形象记忆和词语的抽象记忆，前者善于识记形象的内容，后者善于识记概念、符号等，揭示抽象的内容。

儿童时期，特别是婴幼儿阶段，随着大脑的快速发育，人的智力也在高速发展。在这个年龄阶段，如果利用适合的教育和适当的训练，将会获得意想不到的效果。如果孩子在早期获得的刺激减少，那么，有些突触就得不到发展而会被修剪掉，同时，大脑中为学习而形成的神经联结也较少。脑科学研究强调，经验（尤其是出生后头三年的经验）决定了孩子是否能够实现其最大潜力。

年幼孩子的最佳学习方式是主动的、动手的、有意义的、综合的，并且是能够获得反馈的。主动的学习经验，包括视觉艺术与音乐，能够在大脑中建立起持续终生的神经联结。

研究发现，有4个因素影响孩子对事物和新知识的记忆：

☆ 对记忆对象的感知程度

人体的视觉、嗅觉、听觉、味觉、触觉及平衡感官接收到的感觉信息，通过中枢神经分支和末梢神经组织，可以传入大脑各功能区，称为感觉学

习。对某件事情，如果孩子能对其从视觉、听觉、触觉到平衡感觉等各个方面都感知过了，自然比单纯的视觉效果要好，学习知识的时候也是如此，仅仅依靠眼睛看来记忆，一定不如通过听、说、读、写、玩等过程记忆深刻。

☆ 对知识和事物的理解程度

眼界决定高度，见识决定境界，学习知识亦是如此。一个人的知识在前期积累得越多，越有助于他对新生事物和新知识的了解和记忆。比如，一个对汽车模型有相当积累的孩子，会对一部新的车模更容易记忆；而一个喜欢玩魔方的孩子，也会对新的魔方更容易掌握。

☆ 情绪状态

相比自卑、消极的孩子，自信、情绪积极的孩子更容易记住新的知识，学习成绩也更好。如果父母能让孩子在学习中感到成就和自信，孩子也就更愿意学习，更有勇气挑战新知识。

☆ 记忆对象的特征

记忆对象越有趣、越鲜明生动，就越可能在孩子的脑中保持长久的时间。比如，在同样的时间内，孩子对一个卡通玩具的记忆就要比26个英文字母深刻，就是因为前者形象生动，而后者枯燥呆板。

按照上面的因素，父母在培养孩子记忆力的时候，也要注意正强化，尊重客观规律，从孩子的记忆特点入手。

常见的提高孩子记忆力的方法有以下几种：

形象记忆：根据心理学家的统计和研究，小学生擅长具体形象的记忆。直观、形象、具体、鲜明的事物，容易引起孩子的注意，也更能让他们记住。因此，当孩子记忆一些抽象的东西时，应尽可能与具体、形象的东西结合起来，在形象的基础上，概括出具有普遍性的结论。比如，想让孩子记住某个生字，可以先找出这个字的象形字来，通过形象的物质载体的展示，能加深孩子的印象，增强记忆。对于较抽象的内容，可用图、表等形象描绘出来，这样更能增强记忆。

实践记忆：对一些新生事物，如果孩子能通过触摸、操作、品尝等多种

第13章 记忆力，早期经验可增长未来潜力

感官体验，那么，这种记忆就会比单一的感官刺激来得长久。

积极情绪记忆：喜怒哀乐，悲欢离合，人常常处于不同的情绪之中。积极的情绪状态，更容易让孩子记住学习的东西，在情绪良好的时候，对某些信息的记忆可能很深刻。反之，在不良情绪下，即使再怎么努力也很难有好的记忆。当孩子的情绪不好时，不要强制孩子学习，以免适得其反。所以，当父母在督促孩子学习的时候，一定要注意孩子的情绪变化。在指导孩子的时候，多一些耐心，要让孩子体会到自己"能行""能记住"，要用语言给予鼓励，而不宜反复强调"不要忘记啊""你肯定记不住"之类的负面语言。

理解记忆法：尽管孩子很擅长机械记忆，比如，通过长时间的背诵，对一些不了解的古诗词、歌曲等也能熟背如流，但这种记忆的时间较为短暂，很快就会忘记。这是因为他们不理解这些古诗词的意思，所以，对于此种知识可采取理解记忆的方法。

所谓理解是指当提到某一知识时，头脑中就能够想到跟它有关的事实，知道它的应用或意义，了解它跟有关知识的联系。

游戏记忆法：游戏是孩子的主要活动，也是他们进行记忆的重要途径和手段。孩子在游戏的过程中，通过各种角色的扮演以及接触各种各样的材料，有意记忆与无意记忆交替进行，既能提高想象力，也能促进记忆力的发展。比如，通过"小蝌蚪找妈妈"的游戏，孩子在蝌蚪和妈妈的扮演中，就会了解青蛙的特征和生长过程。

孩子的记忆有几个显著的特征，那就是随意性、情绪化和直观化，年龄越小表现越明显。

随意性就是孩子的记忆大多数时候没有目的，比较随意，很多东西都是在孩子不经意间记住的。父母可能会有这样的体会：大人本来也没有特意去教他，结果他竟然会说会做了；而对大人强制让他学的内容，反而很长时间都掌握不了。

在日常生活中，我们经常会发现，父母花费很大力气去让孩子背诵一首歌，有时候孩子仍不能完全记住；但他们在电视上看到的各种广告，只需要一两次就能将广告词说出来。

情绪化就是孩子的记忆带有明显的情绪色彩，让他们产生特别情绪的事情，能激起愉快、悲伤或惊奇等强烈情绪体验的事物，都比较容易成为孩子注意和感知的对象，也容易成为无意记忆的内容。比如，儿歌"一只青蛙一张嘴，两只眼睛四条腿，扑通一声跳下水；两只青蛙两张嘴，四只眼睛八条腿，扑通扑通跳下水"，孩子对数字未必理解，但能很快将"扑通扑通"记下来，而且在当我们数到"腿"的时候，孩子能马上接上"扑通"的内容。这是因为这些象声词让孩子感到新奇、有趣，于是很快记住了。

直观化就是越是形象鲜明的，越是刻意直接操作的，越容易记住，比如，让孩子认识"大"字，我们写下来给孩子认，孩子可能认过就忘记了，可当我们将两腿叉开，再伸开两手，做出"大"的样子，结果孩子在嘻嘻哈哈中就记住了。

所以，对于婴幼儿，形象直观法、操作记忆法、情绪记忆法等更能提高记忆、促进学习。

遗忘是记忆的"拦路虎"，艾宾浩斯（Hermann Ebbinghaus 1850—1909）遗忘规律告诉我们，人在学习完一门新知识或新事物后，遗忘紧随其后，而且最初忘得特别快也特别多，随后逐渐变慢，但学习内容的保存量随时间减少。一般来说，一个人从学会刚刚能够记住算起，间隔1小时后，大脑仅仅保持44%左右的内容。

根据艾宾浩斯的遗忘规律，我们在日常指导孩子学习时，对孩子刚学过的东西要及时安排复习，尽量抢在遗忘快速期之前加深记忆的程度，以减少或防止遗忘。如果复习不及时，很快就会忘掉一大半，再复习就要花更多的精力。如果等忘得差不多了，就等于重新学习一遍，结果是事倍功半。

艾宾浩斯遗忘的进程

时间间隔	保持(%)	遗忘(%)
20分钟	58.2	41.8
1小时	44.2	55.8
8小时	35.8	64.2
1天	33.7	66.3
2天	27.8	72.2
6天	25.4	74.6
31天	21.1	78.9

日本著名小提琴家铃木镇一也认为，不管多么难的事情，如果先从简单的会做的事做起，不断反复训练，总有一天孩子会感到容易。这不但有助于技能的训练，更有助于自信心的培养。

铃木把初级阶段的指导方法要点归纳为：

——从少量的、会做的内容开始；

——经过训练，内容达到运用自如；

——把运用自如的内容中不正确的部分纠正为正确的：

——注意不断培养能力：

——再增添少量同等程度的内容：

——完成的速度出现差异（能力开始萌芽）；

——要把前面学过的内容和新内容结合起来训练；

——要不停地训练，使前边的内容学得更好，新的内容得到正确纠正；

——前面的内容要学得更加熟练（培养能力），新内容达到灵活运用；

——在实现的基础上，再增添新内容。

通过上述指导方法反复训练，就会使孩子感到一点儿也不难，能力也会不断提高。

> 延伸阅读

奇妙的左脑和右脑

人脑由三部分组成，即脑干、间脑和大脑，其中大脑是中枢神经系统的最高级部分，也是人脑的主要部分。人的大脑由大体相等的左右双侧半球以及连接两个半球的中间部分组成，其形状好像两个合起来的拳头，左右半球俗称左右脑，呈对称结构。大脑半球表面上分别有运动区皮层、肌肉本体感觉区、视觉区皮层、听觉区皮层、联合区等神经中枢。

左脑和右脑具有不同的功能，其交叉支配对侧肢体。一般来说，右脑支配身体左半部的运动机能，如左眼、左手、左脚、左耳等的工作，而左脑支配右半身的神经和感觉，如右眼、右耳、右手、右脚等的动作。同时，身体左右两部分的运动机能也能促进相应脑半球的发展。很多心理学家认为，人的大脑只使用了3%~9%，90%以上的大脑处于休眠状态。

因为语言中枢在左脑，所以，左脑的功能主要完成语言的、逻辑的、分析的、代数的思考认识和行为。而右脑的功能则主要负责直观的、直觉的、综合的、几何的、图像化的思考认识和行为。

左脑是理性认识及科学思维的发源地，右脑则是创新能力和悟性的基础。如果在日常生活中，你对某件困惑已久的事情突然有所顿悟，或者豁然开朗，或者灵感乍现，这都是右脑潜能发挥作用的结果。

左脑的记忆回路是低速记忆，右脑是高速记忆。左脑记忆是依据已有的信息或经验，按照逻辑推理的原则，慢速而精确地处理信息。其加工信息的特点符合实证科学思维原则。右脑记忆则有过目不忘的本事，能够在瞬间处理大量的信息,其加工信息的特点符合感性直觉的原则。

人的左右脑是不平衡发展的。统计显示,绝大多数人是左脑比右脑发达,其中大约一半人的左右脑发育相对比较均衡,而另一半的人左脑发育不足。只有大约10%的人是"左撇子",即右脑比较发达。当然,左撇子并非一定是好事,其原因不一定是右脑发育良好,也有可能是左脑发育严重不足的结果。

从发育顺序上看,右脑发育在前,左脑发育稍后。右脑与遗传和早期的精力有关,左脑则与后天的训练关系密切。除了遗传因素外,右脑发育不足的原因在于早期开发不足。所以,对于婴幼儿和学龄前孩子而言,问题的关键是如何充分地开发右脑的功能,而不是过早地强化左脑的训练。

左右脑的发育,揭示了人类很多特质和天赋的秘密。

发挥情感、艺术创新的脑细胞集中在右半球,所有右脑发达的人在知觉、体验、空间感和想象力方面具有优势,他们在各种动作上更为敏捷。

理解数学的、逻辑的、语言的脑细胞集中在左半球,所以,左脑发达的人处理事情富有逻辑性和条理性,他们善于依据知识和经验来判断各种关系和因果;他们善于统计,方向感强;他们善于组织、从事技术类、研究类、抽象的工作。

左右脑并不是孤立地发挥功能的,大多数情况下,它们是分工合作的,在两个半球之间,由神经纤维构成的胼胝体负责沟通两半球的信息。

研究表明:如果将胼胝体切断,左右脑被分割开来,各半球的功能陷入孤立,缺少相应的合作,在行为上会失去统合作用。比如,人在睡眠状态做梦,使用的主要是右脑的功能,并以图像、画面、声音等方式呈现梦境。但醒来后，在向别人讲述梦境的时候，就需要启动语言功能，这时候就需要左脑的配合。再比如，右手学会的写字，左手虽然没有训练，但也能勉强完成，这说明一侧脑学习的信息可以向另一侧脑传递。聪明的孩子，既不是左脑特别出众，也不是右脑功能异常发达，而是左右脑平衡发展。

一些儿童心理学家和教育专家经过长期研究和观察发现，婴幼儿时期是人一生中脑部及智力发育最宝贵的时期，这个时期充分开发婴幼儿的智能，使左右脑协调并用，充分整合，对孩子今后的整体发育，包括智力、心理及学习能力都具有重要意义。

要想充分开发左右脑，让其均衡发展，应该从孩子小的时候就进行培养。父母应该有意识地对孩子进行大脑方面的训练，同时给予充足而富有营养的食物。

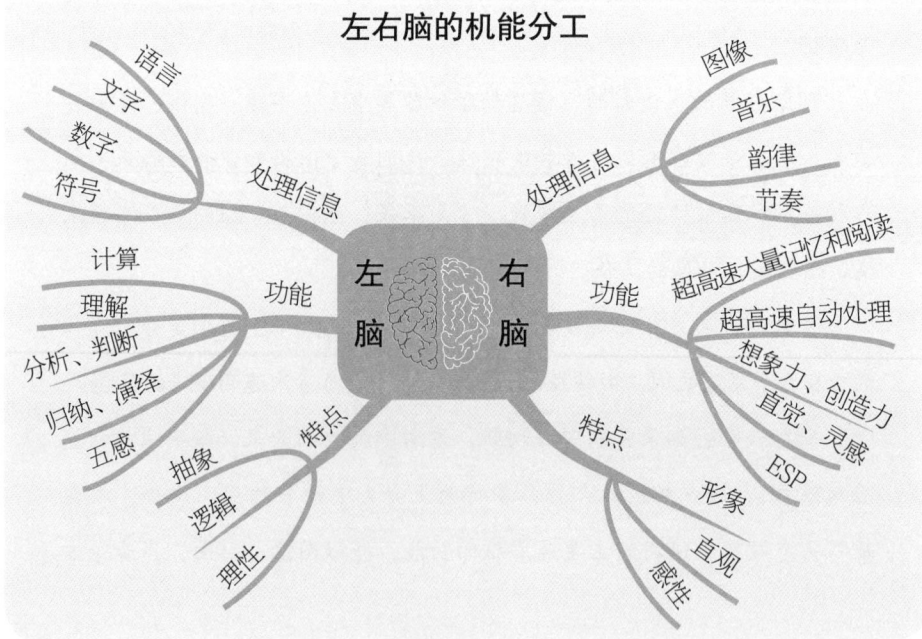

左右脑的机能分工

14

想象力，比知识更重要

想象是以感官为基础，精确地观察事物性质的不同细节的感官教育，成为我们观察的基础。感官教育有助于从外部世界收集物质材料，用于我们的想象。富于想象的创造是和现实紧密相连的有机构成，它与外部世界形式的联系越紧密，其固有的创造价值也就越高。这就像艺术家创作的艺术作品，艺术越接近真实越完美。

　　如果说，现实是想象的真正基础，而且一个人的感知能力跟他观察的精确程度有很大关系，那么，培养儿童的想象力，使他们能够准确地感知周围事物所必需的材料，就显得非常重要了。另外，让他们在规定的范围内进行推论，对他们进行区别不同事物的智力训练，就为他们构建想象力打下了坚实的基础。这个基础打得越牢，他们的想象就跟某种具体形式联系得越紧密，也就越能同独立的意向建立起符合逻辑的关联。

——玛利亚·蒙台梭利

想象是知识进化的源泉

想象是人对已经在头脑中存在的表象进行改造加工，建立新形象的过程。形象性和新颖性是想象活动的两大基本特点。形象一点来描述，想象力具有化腐朽为神奇的效果，它能够将某个平淡无奇的东西变得珍贵无比，能够将简单的故事描绘得跌宕起伏、扣人心弦，能从司空见惯的常态中发现新的亮点。

不管处在怎样的时代，身处怎样的社会，想象力都是人不可或缺的重要能力。爱因斯坦曾说过："想象力远比知识更重要，因为知识是有限的，而想象力概括着世界上的一切并推动着进步。想象才是知识进化的源泉。"德国哲学家康德认为，想象所能做的事情，理性是很难做到的，他把想象称为超越经验的理性的前奏。想象是一个人心理活动的重要组成部分，对学习、工作以及生活有着重要的影响力。

在信息大爆炸的当下，一个人要具备较高的竞争力，除了良好的知识储备能力外，更要具备良好的想象力和创造力。未来世界，将会是一个高度关联、无孔不入的智能世界，人们面临的不是知识的竞争，而是创造力和想象力的竞争，是学习能力的竞争，是独立思考的竞争。创造性思维会体现出更大的价值，人们也会更关注精神层面的追求。

想象中出现的形象是新的，不是表象的简单再现。乍看起来，想象的内容似乎是"超现实"的。其实，任何想象都不是凭空产生的。它是在人的已有表象的基础上形成的。比如，当我们读着马致远的《天净沙·秋思》的时候，头脑中就会展现出一幅充满苍凉气氛的秋景图，这样苍凉的景象虽然没有亲身经历，但是头脑中却储存着"枯藤""老树""昏鸦""小桥流水"等记忆表象。无论想象如何新颖，其内容依旧来源于客观现实，是人脑对储存的表象进行加工改造的结果。

想象可划分为无意想象和有意想象，前者是指没有预定的目的，在某种刺激物的影响下，不由自主想象出某种事物形象，比如梦境；后者是指主动的、有目的的想象，是根据一定的任务而进行的。

想象与感知不同，它不是与生俱来的，而是人的心智发展到一定阶段的产物。想象的产生需要两个最基本的条件：一是，头脑当中要有相当数量的、具有稳定的表象储存作为想象活动的对象；二是，要有运用内部的智力动作对已有表象进行加工改造的能力。

在孩子出生时，这些条件都不存在。孩子最初的想象，基本上是记忆表象的简单迁移，而加工改造的成分极少。2岁以后，孩子的想象逐渐发展起来，随后会进入非常活跃的时期。这一时期如果不重视培育孩子的想象力，等他长成之后难免会想象力和创造力不足。

各年龄段儿童想象的特点

年龄段	想象特点
2~3岁	完全没有目的，想象过程缓慢，想象和记忆非常接近。
3~4岁	自由联想性质的无意想象，想象没有目的，没有前后连贯的主题，内容零碎。
4~5岁	无意想象中出现有意成分，想象的目的计划较简单，内容比以前丰富，但仍然零碎。
5~6岁	出现有意的创造想象，想象内容进一步丰富，有情节、场景，新颖程度增加，想象形象力求符合客观逻辑。

想象力会影响孩子一生的成长，它是创造力的源泉。人类的想象过程，是创造力发展的过程，想象的发展有助于创造思维的发展。一个没有想象力的孩子，长大后很难成为真正的创造型人才。

与成人相比，孩子更喜欢想象，也更善于想象，好奇心推动他去了解世界。想象能力是大部分孩子天生就具备的能力，但有一些元素能进一步促成这种探索的意愿。在游戏与艺术中，孩子的想象力能够得到高度发展和频繁使用。除了游戏外，生活和学习中也离不开想象。童年早期是想象力发展的高峰期。随着孩子的成长，他们会改变自己的行为，并且变得不太愿意脱离传统。

想象力是无穷的，但想象力也不是空中楼阁、无源之水，它要有一定的现实基础。特别是，孩子的想象多是通过对头脑中已掌握的知识经验进行重新加工改组来完成的。表象是想象活动中的"原材料"，日常积累的知识经验的多寡直接影响着他们想象的效果，如果知识经验不足，表象积累太少，那么，想象力就会很贫乏、狭窄、肤浅，有时候甚至会难以展开相关的想象活动。

科学而富有创造力的想象基于现实，而且其直觉与观察的精确度相关联。否则，如果独立思考的大脑脱离了现实，就是在做无用功，夸张和粗俗的幻想都不能使孩子正确地思考。所以，为了培养孩子的想象力，必须首先使孩子与现实联系在一起。那些夸张或粗糙的幻想不能让孩子走上正轨。

在培养孩子想象力的时候，我们一定不要阻止孩子自发进行的那些活动。虽然这类活动有时候会显得微不足道，但我们要做的就是"等待"。我们要记住：只要不是虚无缥缈的幻想，不是幻觉或错误，创造性的想象就能够在坚固的岩石上建立起金碧辉煌的宫殿，智力的开发就有了坚实的基础。

要真正培养孩子的想象力，我们首先应该让他们在生活的环境中成为主人，或者运用从事实中得来的知识、经验来充实自己的头脑，让他们在此基础上自由地成长。只有给他们自由发展的空间，他们才能展示自己的想象力。

为了拓展孩子的想象力，父母可以从以下几个方面着手：

★ 多接触社会，亲近大自然

一个见多识广的人肯定要比孤陋寡闻的人想象力丰富，一个看遍世界的人肯定要比闭门造车的人想象力丰富。

卢梭在《爱弥儿》一书中强调，孩子得到真实经验的三个来源：自然、周围的人和事物。让孩子多接触社会，多亲近大自然是积累知识、获取经验最方便的途径。越来越多的研究发现，真正对孩子身心发展最为有益的，就是孩子自发的、独立的玩耍，特别是户外的活动。这就要求父母花时间多带孩子走出家门，去参加各种各样的亲子活动，比如，去博物馆感受各种文化，到郊区野外认识各种农作物以及花草树木植物，去动物园观看各种各样的动物，存储相关的信息……在亲近自然的过程中，要注意通过幼儿感兴趣的内容和形式进行，不要强迫孩子从事自己不愿意或者害怕的事情，这样会取得较好的效果。

"实践出真知"，对于孩子来说亦是如此。人的想象力有多宽，与见识和阅历有很重要的关系。一花一世界，树木、动物、昆虫、小溪、河流、泥沙、山川，这些都是孩子玩耍时最好的材料。

★ 通过大量阅读丰富表象

培养孩子的想象力，不但要"行万里路"，还要"读万卷书"。通过父母的阅读或者观看漫画书籍等形式，让孩子欣赏各种文学作品，也是积累知识经验和建立丰富表象的重要手段。阿凡提、孙悟空、神笔马良、狮子王、米老鼠等，很多中外名著不但为孩子提供了生动、鲜明的形象，还让孩子获得了大量的表象以及记忆材料，进而为想象力插上坚韧的翅膀。

除了阅读外，现在的媒介多种多样，网络、电视、电影院等，只要利用得当，都是提升想象力的选择。值得注意的是，在多媒体的选择上，父母要主动屏蔽那些不适合孩子的内容，如暴力、色情等。另外，父母要减少孩子使用电子产品的时间，现有证据表明，网络成瘾者的大脑会缩小，就像吸食可卡因和海洛因的瘾君子的大脑一样。

尽管目前有很多高质量的教育节目，但也有很多质量并不高的儿童节目，或者不适合给学龄前孩子观看的节目。美国儿科学会建议应该限制孩子看电视的时间，他们认为，在2岁之前孩子都不要看电视，2岁之后每天可以看高质量的儿童节目，时间最好不超过1～2个小时。因为学龄前儿童还不具备分辨的能力，他们往往不能完全理解所看到的故事剧情，他们对故事中的角色的动机所做的推论非常局限，甚至是不正确的。

★ 给孩子提供想象的空间

人生最有价值的状态正是自由的童心。童心是生命力与创造力存在的来源和证明，童心不灭，就是创造力不灭，童心延续本身就意味着创造力的发展。"童心"意味着什么呢？瑞典儿童文学家琳达丽说，"这是一种接近生活的游戏"，其中包含着一种可靠的敏感性，是一种"不断生成的青春活力"[1]，它能恢复成人的现实直观性，也能保持孩子的天真与无穷想象。许多艺术家、科学家对童心、对孩子的纯真心灵推崇备至。童心延续本身就意味着创造力的发展。从外部表现看，童心类似于创造性人格特质；从内在心灵看，它接近于游戏；从动力机制看，它源自好奇。人格特质、游戏心态和源自好奇心的探索欲，正是创造力最核心的要素。

一个人没有想象力与创造力是非常可怕的，牛顿、爱因斯坦如果失去了想象力，就不会有我们现在所熟知的万有引力定律和能量守恒定律了。重视孩子想象力的培养，尊重他们自由思想的权利，关系到人的一生。想象属于一种创造性思维能力，要培养孩子的想象力，就需要为其创设一种良好的氛围和环境，使孩子感受到心理的安全和自由。人本主义心理学家罗杰斯（Carl Ransom Rogers，1902—1987）把心理的安全和自由，看作人们进行创造性活动的两个基本条件。

同时，家庭成员之间的关系、父母的育儿风格与孩子的想象力密切相关。心理学研究表明：在一个不民主的家庭环境中，大人对孩子限制越严格，越会让孩子形成思维呆滞、创造力低下的状态。如果是在民主自由的家庭氛围中，孩子能自由发挥，父母也同时鼓励孩子大胆实践勇于尝试，那么，孩子的创造力就会变得越来越高。

孩子一般能直言内心所想，在得到鼓励时更不会担心说错，在交流活动中他会逐渐意识到"多种多样""意料之外"带来的启示。因此，父母要给孩子提供想象的空间，平时要多提开放式的问题，用多种答案来回答问

---

[1] 布约克沃尔德.本能的缪斯——激活潜在的艺术灵性[M].王毅,孙小鸿,王明生,译.上海:上海人民出版社,1997.

题，不但可以启发孩子的想象力，还能激发孩子的求知欲。少提封闭式的问题，因为这样的答案只有"是"或"否"。比如，夜晚散步的时候，可以问孩子："你认为月亮上会有什么呢？要是让你上月球，你会采用什么工具呢？"孩子在回答的时候，一定会充分发挥自己的想象力。

★ 开展游戏活动

游戏是孩子喜欢的主要日常活动形式，也是促进孩子学习与发展的重要途径。"游戏即生活，生活即游戏。"如果能在游戏中，让孩子参与游戏中的一些幻想的角色，对开阔孩子视野，发挥想象力、创造力都是一个良好的机会。比如，在游戏中，让孩子扮演警察，那么他们的思维就会全力思考警察的行为模式，按照自己的想象力去发挥进行。如果在游戏中，让孩子扮演大人的角色，那么他们就有可能模仿妈妈或者爸爸日常的行为，并结合自己的想象去进行。通过幻想的角色，他们将一个大大的世界微缩到他们的智力能够掌控的大小，他们可以暂时退出当下的现实，或者超越于它，把玩和操纵各种概念、想法或情感。

成人常常觉得孩子的这种"游戏"非常"孩子气"，甚至幼稚可笑，但对孩子来说，这种游戏是他们应对未来现实挑战的演习，他们自己做出决定，自己解决问题。从游戏中他们也学习到了如何解决争端，制定和打破自己的规则，尊重他人的权利等。多进行类似的游戏，也会有助于开拓孩子的想象力。

美国加州大学伯克利心理学教授艾莉森·高普尼克的研究结果发现，更擅长假装游戏的孩子，反向推理能力更强——也就是说，他们更擅长思考不同的可能性，也更倾向于发展出高级的"心智理论"，即对他人的动机和目的有更敏锐的理解。"在幻想游戏中，孩子们所做的，很多都是从一个假说开始，一步步推导出一个符合逻辑的结论。"

★ 进行专门的训练

除了书本和游戏外，孩子的想象力可以通过专门的训练来提高。比如，给孩子提供一张白纸和画笔，然后父母确定一个主题，让孩子按照自己的想象力自由发挥。在给孩子讲童话故事的时候，当讲到结尾的时候，父母可以暂时停顿下来，问问孩子对结尾的猜测……萧伯纳曾经说过："如果你有一个苹果，我有一个苹果，彼此交换，我们每个人仍然只有一个苹果；如果你有一种思想，我有一种思想，彼此交换，我们每个人就有了两种思想，甚至多于两种思想。"父母在和孩子不断的积极互动中，也会无形增加孩子的想象力和心智。

★ 用艺术激发想象力

艺术的表面是形象，背面是情感。孩子在绘画时，表面上是在描绘某种事物，实质上也是在表达自己的情感，用画笔来宣泄心灵的需求。通过绘画创作，孩子不仅可以开启他们自由表达思想体验和情感的大门，还能培养自身的想象能力和创新能力。

在画画的时候，要让孩子自己去想、自己去画，想画什么就画什么。孩子在构思图画内容和布局时，必须进行丰富而活跃的想象，应该注意的是父母和成人千万不可代拟主题，代定内容与答案，而应对孩子启发、诱导。

大人在评价孩子的美术作品时，不能以成人的眼光，更不能以"像不像""对不对"为标准，要鼓励孩子敢于表达内心的需求和感受，宣泄自己的情感。因为大人每说出一个"不对"或"错了"，都有可能堵住孩子的自由思想，让他误认为每个问题必须有标准"答案"，他会认为自己的想象没有价值，下次他的画就都会朝着"像"或"对"的方向靠拢，丧失了自己的想象力。

欣赏与观摩大师的作品也是孩子绘画的一种形式，毕加索等绘画大师的作品经常出现在孩子眼前，会在潜移默化中给孩子以艺术美的熏陶，提升他们的审美能力。

想象力丰富的儿童的特点

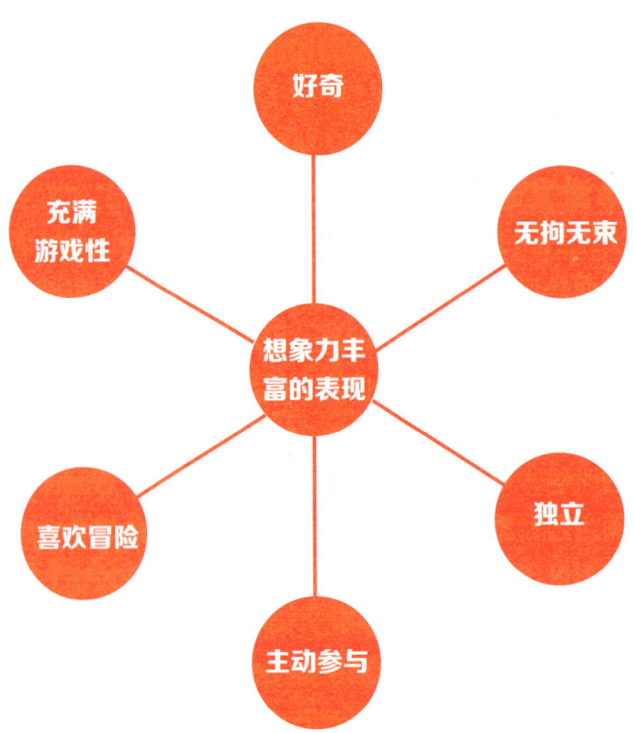

第14章 想象力,比知识更重要

延伸阅读

想象力和创造力离不开阅读

重视孩子想象力的培养,尊重他们的自由思想,关乎孩子的一生。曾荣获"国际安徒生奖"的中国作家曹文轩表示,童年的想象世界,是伴随一个人一生的音乐与诗。当我们在这个世界上奔走时,这些在童年的记忆中留下的想象世界,就会成为一种精神支撑着我们。而阅读可以让人成为一个有想象力和创造力的人,离开阅读,想象力和创造力根本无从谈起。

曹文轩表示,阅读可以让人成为一个有想象力和创造力的人,离开阅读,想象力和创造力根本无从谈起。"我写的许多故事与我同辈长大的男孩女孩都经历过,为什么只有我写出了这些故事?我回首来路,总是发现一件又一件价值连城的往事;但他们回首来时的路,却空空如也。不是我聪明,而是我运气好,我积累的阅读经历比他们多。阅读使我更有眼力,去发现从前,发现现在。"他说。

他还通过多个例子生动讲述了阅读带给人们的不同体验与价值。"废名小说中有这样一个场景,一头牛从一棵梨树下经过,牛碰了一下梨树,梨花便纷纷落在牛背上。这个场景在普通人看来,可能没有任何感受,但废名却感受到这个场景如画一般美丽。阅读使这位作家变得敏锐起来,把平庸、无趣的世界变得高雅有趣。"通过各种例子的分享,曹文轩寄语小读者,希望大家可以通过阅读"成为一个有境界的人;成为一个精神上富有的人;成为一个有眼力有创造力的人;成为一个有想象力的人"。①

曹文轩回忆说,"我的童年是在贫穷中度过的,是幻想帮我度过了童年的危机。没有铅笔,我就会幻想我有铅笔——无数的铅笔;没有书包,我就幻想我有书包——无数的书包、各种各样的书包。我以我的想象来弥补我的一无所有,弥补我的贫穷。什么都有时,你会丧失无穷无尽的欲望,你的想象力就会停止。"

在现在的教育中,我们甚至害怕想象力,对那些敢于施展想象力的小孩表示忧虑——那些被老师们所认可的孩子与作文,恰恰可能是一些没有什么创造力的孩子与文章。

当然,我们也知道老师们的无奈,因为中国目前的中小学教育呈现出维度的单一化——知识化。追求知识,追求分数,顶多外挂一项思想教育的维度,而忽略了审美的、情感的维度。这样的语文教育,导致我们的文学艺术创作也是十分缺乏想象力的。诸位看一看国外的电影,再看一看中国的电影,大概就能感受到这一点。

---

① 曹文轩.想象力和创造力离不开阅读[J].语文教学与研究,2017(30):2.

15

孩子的不良行为
如何纠正

错误是无处不在的，如果我们想追求完美就必须注意自己的缺点，只有改正了这些缺点，我们才能提高自己。

许多错误都会随着人生阅历的丰富而得到改正。人无完人，只有自欺欺人者才会认为自己完美。真实的情况是，我们在不停地犯错误，却没有有意地去改正它。我们不能认识到自己的错误，因为我们生活在远离事实的虚幻世界里。

错误会把人们区分开来，但纠正错误又会把人结合到一起。发现错误、改正错误会成为人们的兴趣所在。错误成了一件有趣的事情。错误成了人与人之间的纽带，促成了成人与孩子之间的和谐。

——玛利亚·蒙台梭利

孩子的不良行为与后天的教育方式有关

随着孩子逐渐长大，父母会发现孩子身上出现了很多不良的行为。比如，喜欢吃手指，有些孩子不吸吮手指甚至睡不着觉；有的孩子喜欢咬指甲，以至于撕裂甲床或指尖咬出了血，而且知道咬指甲不对，可还是控制不了。再比如，有的孩子注意力比较分散、多动，片刻都不安定，常被各种事物所吸引，即使面对他感兴趣的事物也无法集中注意力，稍有风吹草动就会分心。还有的孩子养成了没有主见、盲目服从他人的习惯，时时想跟随他人。

孩子的这些习惯在童年时期如果得不到及时纠正，会影响他一生的幸福与发展。另外，说谎、贪婪、懒惰、邋遢和散漫的习惯也容易在童年时期形成，这些习惯如果得不到改正，成年后亦是如此。

从大脑神经学的角度来看，神经发育的顺序是基因决定，但发育的品质受环境左右。如果非要指出孰重孰轻，可以说各占50%。儿童心理学家也认为：遗传与生理的成熟是影响孩子心理发展的客观条件，而环境则是影响儿童心理发展的决定性因素。纵观孩子的各种不良行为表现，与社会环境、家庭环境、父母的抚养教育方式等有着直接关系。

一般来说，引起孩子不良行为的因素主要包括如下几个方面：

★ 家庭因素是主因

我们无法改变基因，但可以改变环境。环境不仅能影响人，也能塑造人。家庭教育的教养理念、方式与方法，对孩子生活习惯和日常行为的养成具有相当重要的影响。在家庭环境中，父母及其他教养者对孩子的影响是潜移默化产生的。

在孩子出生后到上学前，与抚养者接触的时间最多，父母的所作所为孩子都看在眼里，记在心里。有句话"你在做，他在看""孩子看到什么就做什么（Children see & Children do）"。他们的模仿能力很强，父母做什么孩子就学什么。一定程度上，孩子就是父母的"翻版"，孩子很多的行为都是从父母的日常行为习惯中学来的。

父母的文化素养对孩子的成长具有重要的影响。文化素养高的父母会比较关注孩子成长发展的需要，对孩子的反应能给予积极的回应。在孩子的教育过程中，也会比较关注孩子的兴趣和爱好，能较好地激发孩子学习探索的积极性。

家庭中父母关系会影响孩子的正常化成长。不和睦的家庭关系会间接导致孩子不良行为的养成，父母之间的关系紧张，很难为孩子营造一个良好、轻松的成长环境。家庭关系紧张会使孩子长期生活在恐惧之中，儿童阶段应有的童真、天真、善良的天性渐渐缺失。相反，为了引起父母的注意，得到父母的关心与照顾，孩子开始做一些"出格的事情"，出现一些不良的行为，久而久之便养成了不良行为习惯。

还有的父母完全依赖学校教育，无论从学识和品行方面，认为老师的教育方法都是最系统全面的，思想上完全依赖于学校教育，而忽视家庭教育的重要性。他们甚至错误地认为，孩子还小，有一些不良行为没什么可担心的，等孩子长大懂事了，自然而然就会好了，好习惯也就会随之形成。

★ 社会环境的影响

当今优越的生活环境，一方面有利于孩子的生活学习，但另一方面无形中也隔绝了孩子与外界的接触，生活空间越来越小。孩子与其他同伴几乎没有交往的机会，渐渐地，孩子容易产生孤独感，性格变得孤僻。还有一些父母因为工作忙、压力大，与孩子分离的时间较长，对孩子的身心发展产生了较大的负面影响。在这种社会环境和家庭教育方式的熏陶下，不少孩子产生了一些不良嗜好。

★ 孩子的好奇心作祟

孩子对未知的事物充满强烈的好奇心，总想去触碰。有时候，父母对孩子的某种行为越是禁止，反而越能增强这种行为的诱惑力。孩子明知这些行为不被倡导，但他们觉得这么做，能够显示自己与众不同，期望引起他人注意。

★ 认知能力不足

有的孩子在心理作用或者利益驱使下，在一些情境中，会出现将某些他人的物品偷偷占为己有的不良行为。最初是拿其他小朋友的玩具、文具等，当得不到干预以及正确的教育引导，就可能发展到在别人家玩耍时，乘机偷拿别人家的钱财或者贵重物品等。这种行为往往比较隐蔽，父母很难及时发现。

教育家叶圣陶曾说过："好习惯养成了，一辈子受用；坏习惯养成了，一辈子吃亏。"要想让孩子改掉不良行为习惯，父母要做的是及时发现和正确引导，然后培养他们良好的习惯和喜好，转变孩子的观念和做法。

★ 错误的追求目标

一个人只要确定了自己所追求的目标，他的人生态度就会为此服务。如果目标错误，那么行为也会出现错误。

心理学家阿德勒曾讲过这样一个案例：有一个男孩，他是全班最懒惰的学生。有一次老师问他："为什么成绩总是这么差？"这个男孩回答说："如果我是班里最懒的孩子，你就会把更多的精力放在我身上。这样，你就很少注意那些安安静静上课、按时完成作业的好学生了。"显然，这个"懒学生"的目标是为了吸引老师的目光，而懒惰恰恰帮助他达到了想要的目的，所以，他的毛病就没有改变的动力。

还有的孩子自我中心意识强烈，当感觉自己没有受到重视的时候，就会做出哭闹、攻击别人等异常举动，通过制造麻烦来引起别人的注意。在别人忽视他的时候，他可以通过做出出格举动或欺骗他人而得到重视。有一个16岁的女孩，在她六七岁的时候就开始偷窃，12岁以后就经常夜不归宿。在她2岁的时候，父母因为关系不和而离婚，母亲就把她送到了姥姥家，姥姥对她宠爱有加。不过，姥姥不喜欢她的妈妈，两人的关系很僵。事后，这个女孩告诉阿德勒，她自己也不喜欢偷窃、夜不归宿这些行为，所做的一切就是为了让妈妈看，让她知道她无法管束自己的女儿。

★ 不良行为如何矫正

☆ 制定规矩

没有规矩，不成方圆。父母可根据孩子的年龄特点，制定出相应的规则来约束孩子的行为。对于规则的确定，要清楚而正式地告诉孩子。如果可能，可以将其写下来并在家庭中公布。有了家规，孩子才知道该怎样做，哪些可以做，哪些不可以做，父母也知道该以怎样的家庭教育理念、选用怎样的家庭教育策略来教育孩子，家庭教育才能顺利进行。

☆ 宽容而不纵容

父母最重要的作用是爱孩子，给他安全感和自信心，使他觉得自己是家庭的正式成员，甚至须臾不可或缺。这是管教真正的坚实基础，否则，管教便依然仰仗外界压力。倘若孩子因行为不当而受罚，那确实会暂时破坏和谐的氛围，但千万不可使孩子产生"我做错了事，所以他们不要我了"的感觉。[①]

好玩、好动是孩子的天性，他们往往控制不住自己的行为，这时就需要父母的帮助。父母管教孩子，应是出于对孩子的爱，是孩子健康成长所必需的。然而，没有科学方法指导的爱会变成一种伤害，爱也是盲目的爱，教育也是盲目的教育。管教要有管教的原则，不束缚孩子的天性和活力，不要把孩子管死。总之，管与不管都应该有个原则，不能放任自流。父母要把握好"度"，这对孩子不良嗜好的改正是十分必要的。

☆ 以身作则

家庭是孩子最初受教育的课堂，父母既是孩子的父母，又是孩子的第一

---

① 〔意〕玛利亚·蒙台梭利.与父母谈心：蒙台梭利教师给父母的建议.天津：天津人民出版社，2014.

任老师，是孩子学习的榜样，对孩子的影响是潜移默化的。有的父母自身就存在许多陋习，而这些陋习很可能就成了孩子不良行为的诱因。

因此，父母就应该从改正自身不良习惯做起，以身作则，身体力行，给孩子做好榜样，这样往往能取得较好的效果。总之，父母要求子女做到的，自己必须首先做到，以身作则，知行合一，这样才能把子女教育好。

☆ **多赞美少批评**

赞扬或批评孩子要针对具体的事，要让孩子明确知道父母希望保持或改变的是哪种行为，这种行为可能会产生怎样的后果。尤其是，批评不要扩大化，避免对孩子人格的全盘否定。比如，有的孩子在静坐无事的时候喜欢吮手指、挖鼻子、撕指甲。父母发现孩子这样做时，不要大惊小怪或者一味责骂孩子，而应平心静气地将孩子的手拿开，给他一些喜欢的玩具和图书，引导他玩积木或者带他做游戏，这样就会使他的注意力转移到有趣的活动上去。如果父母一味地责骂，只会引起孩子的反感，导致他很难改掉坏习惯。

当孩子取得进步的时候，父母要及时鼓励或赞赏他，不要总拿"别人家的孩子"和自己的孩子比，只要孩子今天比昨天有进步就应给予肯定，要看到他为做更好的自己而做的努力，让孩子感受到进步的喜悦，增强他的自信心和上进心。

☆ **不要急于求成**

习惯是在不断重复和练习中逐步形成的，要培养孩子良好的习惯不能贪多求全，而应有计划一步一步实施。对于已经养成了不良行为习惯的孩子，父母不能操之过急，要耐下心来，长时间的行为督促、强化、巩固，才能自然而然地转化为好的习惯。

如果一个三四岁的男孩洗自己的袜子，父母看到后开始夸奖他做得好，自己的事情自己做。在父母的鼓励下，他以后会慢慢尝试更多自己能做的事情。反之，在另一个家庭中，如果大人在看到孩子洗自己袜子的时候说："赶快放下，否则洗衣粉会溅到你的眼睛里。你根本不用自己去做，这是妈妈做的事情！"如果继续观察这两个孩子会发现，第一个孩子独立性强，做事情干净利索，并对劳动感兴趣，而第二个孩子则独立性相对差一些，依赖性强，缺乏责任感，做事情易拖泥带水，甚至根本不知道自己可以做什么，越来越多的事情需要大人代劳。

☆ 转移注意力

当孩子有不良行为习惯时，大人可以利用孩子的兴趣点，转移其注意力，避免不良行为带来更深的影响。这时候，需要大人反思自己的家庭教育方式，检查家庭环境中对孩子有反面影响的因素，并迅速改变产生孩子不良行为的生活状况，培养孩子新的兴趣和兴奋点，用新的兴趣和兴奋点取代不良行为带来的影响。比如，有的孩子注意力缺乏，对此，大人可以诱导他做一些容易让他安静下来的事情，比如刷厕所、擦镜子、摆餐桌、听朗读故事、画画、下棋等。如果察觉到孩子胆小怕羞、社交能力差，大人可以适时带孩子到儿童乐园、公园等地方，鼓励并引导他与同龄人玩耍。孩子慢慢适应了之后就会变得勇敢，学会与人交往。

☆ 适时干预

处于成长过程中的孩子，由于各种因素的累积，他们难免会表现出一些不良行为习惯。这时候，孩子需要父母适时干预，给予他们正确的引导，如果父母听之任之，一旦这些不良行为习惯成自然，它们必将成为孩子成长道路上的羁绊。父母给予孩子适时引导，就需要了解孩子行为背后的原因。比如，孩子反复出现自主或者不自主的啃手指甲的行为，与心理紧张、情绪不稳、闲暇时无聊、消遣等都有关系，也有些孩子模仿他人而逐步形成习惯。孩子出牙期牙龈不适而用指甲进行刺激，久而久之也形成不良习惯。因此，父母在采取干预措施时，要避免在众人面前责怪孩子。避开他人，给孩子说清楚啃咬指甲的坏处，帮助孩子缓解紧张情绪，消除焦虑，缓解压力，并养成勤剪指甲的习惯。还可买些瓜子、坚果一类的零食，放在孩子伸手可及的地方，用嗑瓜子来代替啃手指。父母需要注意的是，千万不可当众指责或批评孩子。

第 15 章 孩子的不良行为 如何纠正

专家支招

※ 儿童常见不良行为的干预 ※

教育家玛利亚·蒙台梭利指出，"正常化"的孩子是教育的出发点和前提。"正常化"是"一切教育的关键"，而孩子的正常化是通过自我全神贯注的工作来实现的，这是解决所有教育问题的"钥匙"。这为我们纠正孩子的偏差与不良行为指明了方向。

孩子的心理偏差不是天生的。蒙台梭利在其《有吸收力的心灵》中提到：一旦孩子可以集中精力做一件有趣的事情，他身上的所有缺陷也会随之消失。以前不规律的变得有规律了，以前被动的变得主动了，以前顽皮的孩子变得懂事了。这一现象告诉我们：这些缺陷是后天获得的不是天生的，孩子之间也没有太大的不同。所有这些不正常现象都源于一个原因，那就是大人不能充分地了解孩子，孩子的心理生活没有得到充分的滋养。

孩子的正常化发展过程，无论其具体形式、特性以及表现时期，都因各人之不同而有所差异。但需要明确的是，婴幼儿期的正常化是形成个性丰富、情绪稳定的人格的基础，大人应协助孩子"正常化"的发展。

不良行为	形成原因	干预措施
胆小	与生俱来的内向性格； 家庭溺爱，与外界接触少。	父母告诉孩子要多与外界沟通； 经常带到外面人多的地方，多和人交流。
自闭	生物学因素，如遗传、病毒感染、神经元发育迟滞等； 环境因素，如经常单独在家、缺乏与外界接触、生活在封闭环境中等。	培养孩子的幸福感，激发社交能力； 父母要多陪伴，并带孩子到动物园、海洋馆等地参观； 必要时，心理治疗、药物干预。

不良行为	形成原因	干预措施
口吃	模仿别人； 自我养成性格急躁、语言功能发育相对滞后； 脑损伤。	告知口吃的危害，消除紧张情绪； 营造家庭和谐的氛围，培养孩子的自信心； 给孩子心理支持，告诉他内心想好了再说； 严重者，可进行语言矫正训练，如一问一答，减慢语速，使孩子说话时呼吸节律逐步正常。
偷窃	认知能力不足与好奇心； 家庭经济条件与人格发育障碍； 贪婪意识。	从小树立劳动光荣的思想； 用谈心的方法，提高孩子的认知水平，让其认识到偷窃行为可耻； 实行强化训练。
说谎	自我生存与保护的本能反应； 家庭环境，如暴力、单亲、冷漠孤独的家庭氛围； 家庭教育过于严厉或鼓励纵容； 内心的贪欲。	谎言暴露之后，要抓住时间进行心理疏导或批评教育； 对经常说谎的孩子，父母要细心观察； 当谎言暴露时，要批评指正； 没有真凭实据时，不要妄加指责。
尿床	遗传因素； 睡眠障碍； 精神紧张； 膀胱容量小。	消除紧张情绪； 寻求药物治疗； 夜间定时提醒。
注意力缺陷	遗传因素； 脑损伤； 生长发育因素； 社会或家庭因素导致心理创伤或娇生惯养。	注意力缺陷有明确的诊断标准，要寻求专业人员的诊疗，治疗方式有心理治疗和药物治疗； 创造良好的家庭环境，保持营养均衡。
说脏话	日常生活中受周围人的影响，比如有的父母在家里说话不注意，孩子耳濡目染； 一些不适合孩子观看的电视、电影会有一些粗鲁的对白。	为孩子营造文明的环境，父母从自身做起； 与孩子谈心，告诉孩子礼貌的重要性及你对他的期望； 对不礼貌行为要从出现初期就制止，不要认为孩子还小不懂事，等长大再教育。
残害小动物	模仿成人的行为，尤其是经常挨打的孩子，发泄内心的不满； 出于好奇。	父母不要体罚孩子； 带孩子去动物园，给孩子讲人与动物的故事，让孩子接触大自然、热爱大自然； 引导孩子正确发泄内心的压抑与苦闷，不把小动物当出气筒。

16

拒绝肥胖和近视，健康体魄是孩子发展的基石

只要孩子需要的饮食分量足够，父母又遵照科学系统的教学方法进行饮食教育，那么每个健康的孩子都能做到合理饮食。多年来我一直在各种场合向父母发出呼吁：要给孩子充足的权利，允许他们在吃饭时自主选择吃多少、吃什么。假如从孩子婴儿期开始，父母就听从这条建议，那么孩子将不会出现任何饮食问题；但是，如果父母已经采取其他办法，那么他们和孩子一样，都要经历一个修正、观察和调整期。

心理和身体之间的关系是可以被观察到的。人的身体和心理具有紧密的联系，因此，在我们出现身体异常时，总是能找到引发疾病的心理原因。尽管一些身体现象，比如进食，看起来似乎和心理没有关系。托马斯·阿奎那曾指出贪吃和智力之间的关系，他认为，贪吃会减弱一个人的判断力，使这个人不能正确地认识现实。其实，贪吃和判断力之间的因果关系恰恰相反，是心理失调引起了贪吃。

很多孩子生病是因为陷入不愉快的境地、不情愿的职责当中，当他们被安置在一个能够进行正常生活和自由活动的环境中时，他们的许多疾病症状会像那些道德上的缺陷一样自然地消失。

——玛利亚·蒙台梭利

身体不好,其他一切都是"浮云"

关于孩子的健康,我国著名教育家陶行知就有过如此表述:"我们深信健康是生活的出发点,也是教育的出发点。"的确,就如盖楼要打地基一样,健康的身体是孩子发展的基础,如果身体不好,其他一切都是"浮云"。孩子的身体素质越好,其学习效率也就越高。随着当下物质生活以及电子产品的日益丰富,肥胖、失眠、血糖水平升高、视力下降等正成为孩子的常见病。

儿童肥胖症是一种以能量过剩、运动不足、行为偏差为特征,全身脂肪组织普遍过度增生、堆积的慢性疾病,是常见的营养性疾病之一,严重影响孩子的健康成长。

根据世界卫生组织的统计,2016年,全世界有超过3.4亿5～19岁孩子和青少年超重或肥胖,孩子和青少年的超重和肥胖流行率从1975年的仅4%大幅上升到2016年的18%。男孩和女孩的上升情况类似:在2016年,有18%的女孩和19%岁的男孩超重。1975年时只有不足1%的5～19岁孩子和青少年出现肥胖,但在2016年超过1.24亿孩子和青少年(6%为女孩和8%为男孩)存在肥胖情况。

儿童期肥胖会使成年期肥胖、早逝和残疾出现的概率更大。但是,除了未来风险升高之外,肥胖儿童还会经历呼吸困难、骨折风险升高、高血压、心血管疾病的早期征兆、胰岛素耐受及其他心理影响。

只要孩子需要的饮食分量足够,孩子又遵照科学系统的方法进行饮食,每个健康的孩子都能做到合理饮食。为此,年轻的父母,尤其是母亲,应当接受科学的关于孩子的饮食教育,这一条至关重要。

为有效促进孩子的身心健康发展,父母为孩子提供的营养一定要合理搭配,营养均衡。不能由着孩子的性子只吃大鱼大肉,还要保证孩子充足的睡眠和适当的体育锻炼,满足孩子生长发育的需要。还要帮助孩子养成良好的生活与卫生习惯,提高自我保护能力,形成使其终身受益的生活能力和文明生活方式。

孩子在2岁左右，父母就应留意孩子是否存在超重或肥胖的倾向，要积极采取相应的措施，越早越好。有很多父母认为，孩子现在胖一点没有关系，长大以后就会好的。因此，对孩子的肥胖问题视而不见，也不采取措施来控制孩子的体重。但一些调查表明，小时候体重超标的孩子，长大了胖的几率更高。

孩子身心发育尚未成熟，需要大人的精心呵护和照顾，但也不宜过度保护和包办代替，以免剥夺孩子自主进食的机会，养成过于依赖的不良习惯，影响其主动性、独立性的发展。父母要引导孩子养成少坐多动、饮食合理的生活习惯，对孩子的不良习惯采取相应的矫正措施。在不伤害孩子的前提下，应当给孩子一段时间来纠正不良行为，而父母的角色仅仅是旁观者和可信赖的信息提供者。

★ 保持合理体重

3~6岁孩子具有健康的体态

3~4岁	4~5岁	5~6岁
身高和体重适宜	身高和体重适宜	身高和体重适宜
参考标准	参考标准	参考标准
男孩	男孩	男孩
身高：94.9~111.7cm	身高：100.7~119.2cm	身高：106.1~125.8cm
体重：12.7~21.2kg	体重：14.1~24.2kg	体重：15.9~27.1kg
女孩	女孩	女孩
身高：94.1~111.3cm	身高：99.9~118.9cm	身高：104.9~125.4cm
体重：12.3~21.5kg	体重：13.7~24.9kg	体重：15.3~27.8kg
在提醒下能自然坐直、站直。	在提醒下能保持正确的站、坐和行走姿势。	经常保持正确的站、坐和行走姿势。

资料来源：《2006年世界卫生组织儿童生长标准》《3~6岁儿童学习与发展指南》

★ 保持孩子的合理体重，父母日常注意六个方面

1. 为孩子提供营养丰富、健康的饮食。多吃新鲜蔬菜和水果，经常吃适量的鱼、禽、蛋、瘦肉，每天饮奶，常吃大豆及其制品。饮食要清淡少盐，少吃零食，少喝含糖高的饮料。不挑食、不偏食，培养孩子良好的饮食习惯。

2. 烹调方式要科学，尽量少煎炸、烧烤、腌制。

3. 保证孩子每天睡11~12小时，其中，午睡一般应2小时左右。午睡时间可根据孩子的年龄、季节的变化和个体差异适当减少。

4. 注意孩子的体态，帮助他们养成正确的姿势。比如，提醒孩子保持正确的站、坐、走姿势；发现有八字脚、罗圈腿、驼背等骨骼发育异常的情况，应及时就医矫治。

5. 桌、椅和床要合适。椅子的高度以孩子写画时双脚能自然着地、大腿基本保持水平为宜；桌子的高度以写画时身体能坐直，不驼背、不耸肩为宜；床不宜过软。

6. 每年为孩子进行健康检查。

★ 视力保护，要从日常做起

人的眼睛就像是一部精制的照相机，它有一组复合的透镜，通过眼睛内部各种"部件"的配合，把外界发出的光线折射到视网膜上，形成一个清晰的影像，再经过视网膜的传递系统，把影像信息传输到大脑。人眼折射光线的这组透镜，就是人体的屈光系统。屈光系统的异常常导致各种屈光不正，便形成了远视或近视。

与成人不同，孩子的眼球处于一个逐渐发育的过程。孩子刚出生时，一般眼球的前后径比较短，多为远视，视力发育不健全。随着年龄的增长，眼球逐渐变长，远视度数慢慢变小，视力也逐渐增加。

正常情况下，婴儿出生3个月，视力为0.012~0.02，6个月时约为0.05。因此，1岁以内的婴幼儿，固视能力是比较差的，1岁时视力约为0.2，以后每增加1岁，视力大约增加0.2，5岁时视力一般达到正常（1.0以上）。5岁以

后，眼球发育变得缓慢，到20岁以后眼球就基本发育成熟了。

就视觉对色彩的分辨来看，孩子刚出生时只能分辨黑白色，到6个月大的时候会逐渐分辨出红黄蓝等颜色，在这个阶段，父母可以给孩子提供一些黑白对比强烈以及红黄蓝颜色鲜明的卡片，让孩子看，这可促进孩子脑部视觉区域的发育。

6个月到3岁这个阶段，可多给孩子提供一些几何图形的玩具，玩的时候要教会孩子对颜色和图形的分辨，可增强立体视觉功能。3岁以上时，就应注意防止孩子出现弱视和屈光不正的问题。一般是在孩子3~4岁的时候开始检查视力，这样才能早期发现，及时治疗。

孩子近视与遗传因素、阅读姿势不当、照明条件差、缺乏锻炼等因素有关。在平时，父母还要注意观察孩子，如果发现孩子较其他同年龄的人行动迟缓，看东西爱歪头、皱眉、眯眼睛等，或上课注意力不集中，看不清黑板，阅读不到一会儿就出现眼睛酸胀、头痛等视力疲劳症状，就应及时带孩子去专业的眼科医院进行检查。如果鉴定为假性近视，可通过眼睛训练及做眼保健操等恢复视力。如果是真性近视，可根据眼睛视力及度数，做相应的配镜矫正，以免增加近视度数。

如果孩子只是普通近视，并没太大的问题，但如果近视发生过早，且未能得到很好的控制，就容易导致未来高度近视。高度近视是很可怕的事情，会使孩子的眼球变长，视网膜变薄，发生视网膜脱离和青光眼的风险比正常人高十几倍。

孩子中还常见的一种视力问题就是假性近视，年龄越低，假性近视越多。假性近视的特点是视力经常有波动，时好时坏，每当孩子阅读的时间过多或者近距离看书写字的时间太长，视力会减退，但经过休息或清晨起床时，视力则有所好转。也有视力骤然下降的现象，有些孩子的视力可在1个月内远视力从1.0降到0.5，甚至更低。对于假性近视，如及时采取防止措施，使眼睫状肌放松，视力可得到迅速改善或恢复正常。假性近视如果不注意调节，最后也会发展为真性近视。

近视是可以预防的。保护孩子的视力，目前公认最有效的方法就是增加孩子的户外活动时间。眼科专家建议孩子每天在户外活动2小时或者一周10小时以上，就能起到预防近视的作用。所以，周末或者假期里，父母可带孩子多去郊外旅游，青山、绿水、阳光和新鲜空气对放松眼睛都有好处。另外，父母也可多带孩子参加运动，养成每天运动的好习惯，比如打乒乓球、跑步、爬山等，都是不错的方法。

父母应注意引导孩子养成良好的卫生习惯，勤洗手，不要用手揉眼睛。保证合理的饮食和充足的睡眠，对预防孩子近视也十分重要。如果孩子偏食，容易导致体内缺乏某些元素，如钙、锌、铬等，会提高近视的风险，尤其是高度近视。维生素A具有维持眼角膜正常，预防角膜干燥、退化的作用，所以可给孩子多吃一些富含维生素A的食物，如动物肝脏、胡萝卜、蛋黄、新鲜蔬菜、瓜果和豆制品等。

不同阶段孩子视力的发展特征

新生儿~6个月	6个月~3岁	3岁以上
新生儿：有视觉能力，但看不太清楚。**1个月：**可以看清眼前20cm左右的物体。**3个月：**形成注视能力，眼球可以自由活动。**6个月：**形成双眼视觉，具有判断距离和深度的能力。	**1岁：**已形成相对完善的视功能，视力在0.2左右。**3岁：**小朋友基本可以学会查视力表，家长可定期给小朋友检查视力了。	**3岁：**平均视力为0.5。**4~5岁：**平均视力为0.6。**6~7岁：**平均视力为0.7。**7岁以上：**平均视力为0.8以上。

Wise counsel
锦囊妙计

※ 如何调整孩子的饮食 ※

☆ 让孩子参与烹饪

在做饭的时候可以让孩子参与，买菜、洗菜、配菜等全过程参与，这样不仅能够让孩子亲眼看到盘中食物的原貌，还能体会到做饭所付出的辛劳。另外，这样也会让孩子更有针对性地提出自己的饮食愿望和喜好。

☆ 设置诱惑

对于挑食的孩子，父母可以借鉴一下电视里的广告，为孩子宣传健康食品的理念。有时候，一个充满想象力的菜名，就可能将孩子对自己原本不喜欢吃的菜肴提高兴趣，比如，将蔬果大拌菜叫作"钢铁侠的能量圈"，将蔬菜面条叫作"小飞侠走钢丝"等。

☆ 关注味觉发育过程

人的味觉会随着年龄的增长而发生改变。孩子对口味更敏感，西兰花和球芽甘蓝等带有苦味的蔬菜常常会让他们联想到毒品或腐烂的食物。对此，一些营养专家给出的建议是：吃饭的时候，给孩子吃单一的食物，以便他对一种食物的味道进行归类，使得他知道自己喜欢吃什么，不喜欢吃什么。其实，依着孩子的本性而同意他吃或者不吃某种食物，并不会导致他对这种食物产生持久的厌恶。但是，如果大人强迫他们违心地去吃或者不吃，却可能会留下"后遗症"。如果父母转变观念，以"他还没有吃习惯"来替代"不吃也得吃"，放下父母的强迫之心，那么，在培养孩子尝试新食物的能力上或者饮食习惯培养

上就不会遇到太多困难。

☆ 持之以恒

如果一个孩子偏食或进食不规律，不需要太过担心。在成长的过程中，一个孩子对能量的需求常常波动得很厉害。父母在尝试让孩子接受新的健康食物时，不要太快放弃。在孩子信任一种新的食物之前，可变换花样，不断进行尝试。

☆ 循序渐进

不一定要禁食玉米片和吐司面包等孩子最爱的食物，但可以渐渐将之转换为更加健康的食物。如，含糖丰富、营养贫乏的早餐谷物可以用坚果和水果代替，吐司面包也可以换成全麦的品种。这样，一顿饭所包含的营养成分就会一步一步地变得更加健康。

☆ 不将不健康食物设为奖励

用食物以外的东西吸引孩子的注意力，不利于孩子健康饮食习惯的养成。有些父母喜欢用给予零食的方式诱惑孩子去做事情，他们明知道含糖的饮料或者零食对孩子的牙齿和控制体重不利，却认为偶尔吃一次"无伤大雅"，于是将其作为奖励，在孩子表现好的时候给他购买。殊不知，零食奖励一旦开始，这些含糖量高的食物就会变成孩子更渴望的特殊食物。

☆ 成为榜样

父母是孩子最显而易见的榜样，平日不喝水、嗜酒如命的大人，是无法说服他们的孩子养成健康的饮食习惯的。孩子们通过观察和模仿来学习，因此在孩子们建立平衡饮食习惯的过程中，父母的榜样作用意义重大。

☆ 丰富菜肴品种

孩子需要了解多样化的果蔬，以及其丰富的烹饪方式。不同的蔬菜品种可以作为沙拉生吃，也可以作为配菜熟吃。大人的目标应当是在孩子的饮食过程中尝试变化不同的花样，尝试加入更多不同种类的食物。父母可以尝试不同的食物形式、颜色和黏稠度，丰富菜肴的烹饪方式。毕竟很多时候并不是孩子不喜欢，而是父母做得不好吃。

☆ 建立规则

孩子喜欢重复可靠的行为模式，一种规则一旦被建立起来，他们就会自动地遵守。父母可以在培养孩子的饮食习惯时利用这一点，通过引入规则，为孩子建立起健康的饮食习惯。对此，专家的建议是：作息规律，固定用餐时间，3次正餐，两次餐间点心，午餐和早餐至少要包含一份蔬菜。

☆ 让进餐时间变为体验时光

营造温馨的家庭饮食环境。吃饭不仅仅是填饱肚子这么简单，一家人其乐融融地围坐在一起吃饭，还涉及家庭关系的和睦与否。全家一起进餐的时光，能给每个家庭成员带来快乐，促进家庭关系的和谐。因此，父母应该营造安静的进餐环境和美好温馨的进餐氛围。做的菜肴要颜色搭配，外形美观，引起孩子的食欲。

营造良好的氛围，让进餐时间变成一家人的温馨相聚时光，这和认真准备餐桌一样，都是饭前准备的重要一环。吃饭时延续这种良好氛围是让全家人轻松愉快地共同进餐的关键。作为父母，应以身作则做正面的榜样，比如，在餐桌上不谈公事，也不针对某人做出负面评价，也不要在餐桌上批评孩子，以便让孩子能在轻松的气氛中吃饭。

有时候，孩子吃着吃着突然觉得不舒服或反胃，这往往和就餐氛围以及谈

论的话题有直接关系。孩子能否养成合理的用餐习惯和得体的餐桌礼仪，取决于父母耐心而执着的教导。食品及营养学专家迪恩总结说："身为父母，我们有一项重要的责任，就是在每个阶段都要提供良好的环境和丰富的用语，帮助孩子培养良好的饮食习惯和就餐礼仪。孩子不会自动掌握它们，因此，需要父母认真地教导。"①

---

① 〔意〕玛利亚·蒙台梭利.与父母谈心：蒙台梭利教师给父母的建议.天津：天津人民出版社，2014.

参考书目

【1】段云波，兰小茹，等.蒙台梭利儿童心理学.长春：吉林出版集团，2012.

【2】段云波.蒙台梭利幼儿教育法.北京：科学技术文献出版社，2016.

【3】段云波.蒙台梭利幼儿园运营与管理.北京：科学技术文献出版社，2017.

【4】兰小茹.蒙台梭利主题活动课程与设计.北京：科学技术文献出版社，2018.

【5】卢乐山.蒙台梭利的幼儿教育.北京：北京师范大学出版社，1985.

【6】蒙台梭利.蒙台梭利文集.北京：人民出版社，2014.

【7】蒙台梭利.有吸收力的心灵.天津：天津社会科学院出版社，2010.

【8】蒙台梭利.蒙台梭利早教全书.北京：中国妇女出版社，2014.

【9】蒙台梭利.三岁决定一生：蒙台梭利幼儿英才教育的秘密.郑州：河南大学出版社，2001.

【10】蒙台梭利.父母必懂的蒙台梭利教育法.北京：地震出版社，2007.

【11】蒙台梭利.与父母谈心：蒙台梭利教师给父母的建议.天津：天津人民出版社，2014.

【12】简·尼尔森.正面管教.北京：北京联合出版公司，2016.

【13】唐娜·威特默.儿童心理学：0～8岁儿童的成长.北京：机械工业出版社，2015.

【14】菲利普·津巴多，罗伯特·约翰逊.津巴多普通心理学.北京：机械工业出版社，2015.

【15】陈帼眉.学前心理学.北京：北京师范大学出版社，2015.

【16】林崇德.发展心理学.北京：人民教育出版社，2009.

【17】罗伯特S.费尔德曼.发展心理学：探索人生发展的轨迹.北京：机械工业出版社，2017.

【18】Jeanne M. Machado.幼儿语言教育.北京：北京师范大学出版社，2012.

【19】阿弗雷德·阿德勒.自卑与超越.沈阳：沈阳出版社，2012.

【20】铃木镇一.才能开发从0岁开始.北京：科学普及出版社，1986.